シリーズ
地域の再生 3

グローバリズムの終焉

経済学的文明から地理学的文明へ

関 曠野
藤澤雄一郎

農文協

まえがき

いつごろからか、あちこちで「農業」と並んで「農」という言葉をよく耳にするようになった。「農業」が産業の一分野を指す言葉であるのに対して、「農」は天と地をつなぐ人間の多種多様な営みを意味している。だから昨今都会で広まっている市民農園も農の一例である。歴史においては、こうした言葉遣いの些細な変化がじつは時代の大きな変動の予兆であることが多い。そして農という言葉が潜在的にはらむ豊かな意味は、近代文明を輸送の文明として捉え直すならば、ひときわはっきりしてくる。

文明の歴史は火の使用、農業による定住、冶金術の出現といった生産の在り方で区分されるのが普通である。その一方で、交通と輸送の方式の変革は軽視されてきた。だが車輪や帆の発明、馬の家畜化といったことは文明の歴史に決定的な影響を及ぼしてきた。そして近代文明は何よりも大量の商品の迅速な輸送によって特徴づけられる文明である。「経済学」はこの商品の大量輸送を前提として成立している学問である。この輸送の文明は1492年のコロンブスの新世界アメリカへの航海とともに始まり、これ以後近代世界は西ヨーロッパが世界の海洋を支配し海外の富を収奪する貿易によって覇権を謳歌する世界になった。19世紀英国の産業革命は工場による安価な商品の大量生産を可能にしたが、その商品を輸送する鉄道と蒸気船なしにはこの革命も無意味だったろう。そして続く20世紀はアメリカが代表する自動車と飛行機の世紀になった。

また文明の歴史をエネルギーを使用する方式によって区分するならば、18世紀までは植物の光合成の働きを利用した農業の時代、19世紀は石炭を使った英国の産業革命の時代、20世紀は石油を原動力にしたアメリカ的な大量消費社会の時代だった。そして今日も採掘された原油の半分は交通と輸送に使われている。石油という魔法の資源はコロンブスの航海に始まる輸送の文明を完成させたのである。そしてこの点では、国際エネルギー機関（IEA）が2010年の定例報告で世界はすでに2006年にピーク・オイルを迎えたと言明したことは文明の転機を告げるものである。今後は原油の生産は油田の枯渇で逓減していく。タールサンドなどからの採油や天然ガスは豊富で安価な原油に代わりうるものではない。そして世界貿易における商品輸送の90％は今でも海運によって担われている。石油価格が1バレル200ドルにまで高騰すれば海運業はまったく採算がとれなくなるという研究報告がすでに出ている。コロンブスの航海は日本に開国を迫るペリーの黒船に一直線につながっていた。この近代世界を生み出した世界貿易の終焉は、明日明後日のことではないにせよ、もはや時間の問題なのである。

世界貿易の時代が終焉すれば、グローバリズムからの脱却と国民経済の再生が各国の課題となる。そして各国の経済は自給を原則とし、貿易はそれを二次的に補完するものにすぎなくなるだろう。それだけではない。「経済」は地域の限られた資源を賢明に利用する知恵を意味することになるだろう。それだけではない。輸送の文明の終焉は各国の社会構造も変える。社会は食料からエネルギーまで可能なかぎり自給自足した地域コミュニティによって構成されることになる。国家はムラの連合体になる。こうして文明の基調は輸送から居住に転換し、経済学ではなく地理学がその原理になる。そして居住することは大地を生活の場にすること、そのための活動を意味している。

そうした活動を代表してきたのが、天と地をつなぐ農という人間の営みだった。地理学的な文明においては、農に由来する季節感が日本文化の隅々にまで染みこんでいるように、農が再び人間のあらゆる活動の規範や尺度になるだろう。これは産業革命以前の世界に戻るということではない。19世紀以来の工業化は農業そのものを工業化したことはなかった。トラクターなど機械の使用や農薬の濫用など工業化の皮相な影響はあったかもしれないが、昔も今も農は気象や地形など人知を超えた自然の力に左右され土地への愛情と配慮なしには続けられない営みである。その意味で、農は万古不易の文明の定礎にほかならない。それゆえに「農業」から「農」への人々の言葉遣いの変化は、工業社会が成長の限界にぶつかる中で文明の原理が輸送から居住に転換しつつあることの徴《しるし》である。そして農とは特定の労働のことではない。それは農的活動をとおして世界における人間の地位を理解しようとする心身一体の作業――「野の文化」agri-cultureなのである。

二〇一三年十二月

関　曠野

シリーズ　地域の再生　3

グローバリズムの終焉
――経済学的文明から地理学的文明へ

目次

第3章　経済学から地理学へ――77

補論　状況への発言——169

特別寄稿　私にとっての農的生活　藤澤雄一郎

グローバリズムの終焉

――経済学的文明から地理学的文明へ

関　曠野

序章　「農業」から「農」へ

1　将来の国民生活のモデル・農的生活

少し前から従来の「農業」に替わって「農」という言葉を耳にするようになった。この言葉に対しては農業関係者にはおそらく違和感があるだろう。「農」という言い方には、農作業の苦労を知らず「農業」の泥臭さを嫌う都会人の安易なロマンが感じられるからである。農らしいことといえばベランダのプランターでハーブを育てた程度の経験しかない典型的な都会人である私も、そうした安易な風潮には加担したくない。だが農業関係者には、ここではあえて都会人には寛容になって2点ほど考えていただきたいことがある。

まず第一に、「農」には安易なロマンの匂いがするとしても、この言葉はまた都会人が農業が特定の業界のものではなく国民全体が関心をもっていい事柄と考え始めたことの徴でもある。農業から業が取れて「農」になった背景には、社会の底流の静かな変化があるのだ。そして第二に、この変化はおそらく日本では史上に前例のないものである。戦前の日本では人口の過半数が農民であっただけに農業すなわち農村の問題であり、小作争議などが世間の関心事だった。農は少数の農本主義の思想家が論じることにすぎなかった。だが昨今、農は広範な人々の関心を集めている。それも、日本の低い食料自給率を憂慮する人が多いといったことに留まらない。都会暮らしに疑問をもった若者や中高年のサラリーマンの間で生活設計として帰農を考える人が徐々にだが増え続けている。都会の市民農園も見慣れた光景になってきた。

それだけに、時代は農業関係者にも農業から農への発想の転換を求めているのではあるまいか。農業という言葉は英語のagricultureの訳語として、おそらく明治初期に各地に創設された農学校によって広められたものであろう。もっとも「農業」という言葉自体は、元禄時代の宮崎安貞の『農業全書』など日本には古くからあった言葉である。しかしこの生業としての農業を産業の一分野としての農業に転換させたのは、明治政府の殖産興業政策の一翼を担った農学校であったろう。日本で最初に近代的な意味で「農業」という言葉が使われたのは、明治政府の上からの近代化と異なる民間主導の農業近代化を志した農学者・津田仙が明治9年（1876年）に創刊した『農業雑誌』だと思われる。その一方、明治政府きっての実力者で殖産興業政策の立役者だった大久保利通の肝煎りで設立された駒場農学校（東大農学部の前身）では、化学や農業簿記が教えられ、農業を産業として管理することが重視されていた。この学校用語こそ日本の農業が近代化するために必要な第一歩だった。だがこのagricultureは、ラテン語で畑を意味するagerと耕作を意味するculturaから合成された言葉であり、じつをいうとその訳語としては「農業」より日本古来の「野良仕事」のほうが適切なのである。それがあえて工業と対比される農業と理解されたところに、この国の上からの国策によって推進される息せき切った近代化が浮き彫りにされている。確かに欧米の進んだ農学に学んだ耕作法や作物の品種改良など日本農業の近代化は避けられないことではあった。だがこの明治期の近代化も、徳川期以来の篤農家が蓄積してきた伝統を地盤としてこそ可能になったことを忘れてはならないだろう。それは欧米から直輸入された近代化ではなかった。農業近代化を推進した人々も、日本の国土や風土の独自な特性を失念することがなかった。

農業が工業と同列の「産業」とみなされるようになったのは、経済のアメリカナイズが至上の目標となった戦後のことだろう。こうして農業は経済統計上のデータになり、特定の業界の事柄になった。そして一つの産業として、費用や生産性など工業と同じ近代経済学の尺度で評価されるようになった。この農業は産業であり特定の業界とする見方は60年代の高度経済成長期以降、日本の社会にすっかり定着してしまった。そこからTPP推進派で単細胞な前原誠司外相（当時）の「GDPの1・5％を占めるにすぎない第1次産業を守るために残りの98・5％が犠牲になってもいいのか」という暴言が出てくる。

もちろんこういう政治家に対しては、もし海外からの食料の輸入が困難になった場合には日本人は車や液晶テレビを食べるのかと反論することは容易である。だがＴＰＰ問題の真の争点は、農業はビジネスなのかどうかということではなかったか。昨今はＴＰＰは日本の経済主権そのものの存否に関わる問題であることを世論も理解してきている。しかし当初は、推進派マスコミが問題を農業の保護に矮小化したこともあって、農業関係者のＴＰＰ絶対反対の声は零細業界の利権絡みの動きとみなされ、それに対する世論の反応は冷たかった。

そして農業関係者の中からも、少数ではあるが、経営規模の拡大や海外への農産物の販路拡大で農業の企業化ビジネス化を徹底すれば日本農業はＴＰＰに耐えられるという主張が現われた。その一方では、実状をよく知らない都会の評論家の「関係者が高齢化する一方の日本農業はどのみち衰亡するしかない」という乱暴な議論もあった。ＴＰＰは、工業をモデルにし農民に資本主義的ビジネスの論理への順応を強いてきた戦後の農業近代化が行き着いたどんづまりであり、岐路なのである。

だからこそ農業関係者は、ＴＰＰ問題をむしろ好機として、農業から農への社会の認識の変化に進んで合流すべきではなかったか。農業関係者のほうもその業界意識から脱却し、農をめぐる国民的な討論の一翼を担うべきではなかったか。そしてこれは都会人の安易なロマンに阿《おもね》るということではない。むしろかなり以前から農業自体が徐々に農に変容してきているのではあるまいか。産直運動、グリーン・ツーリズム、都会の人々の援農ツアーといった都会と農村を結びつける試みはもう珍しいものではなくなった。こうした試みが昨今の農村に生気をもたらしているのだから、今や農業はたんなる耕作のことではない。農村を再生させているのは、総合的な活動としての農なのである。そうならば、この農に関与している人々を相変わらず「農民」とか「農家」と呼ぶのは適切なことなのだろうか。周知のように、高度経済成長期以後この国がくまなく工業化都市化する中で日本の農業を支えてきた主力は兼業農家である。そしてとりわけサラリーマンや公務員をしながら副業として農業をやる第2種兼業農家は農業の近代化、合理化、ビジネス化に対する障害とされ、近代化推進派に目の敵にされてきた。

こうしたいわば半農半業の人たちは国土保全や食料自給率向上の面で評価されるどころか、国家財政に負担をかける寄生虫扱いされることが多かった。思うにこうした非難や偏見が生まれる原因は「第2種兼業農家」という役人用語にあった。この用語のせいで、片手間に農業をやるだけで農家として保護される規格外のいかがわしい農家というイメージが形成される。それならば「兼業農家」という言葉を使うのをやめてみたらどうだろうか。その代わりにたとえば「農的生活者」といった新しい言葉をつくったらいいではないか。農的生活者は規格外の周辺的な農家ではなく、日本人の就労の新しいカテゴリーである。

農的生活者は、日本の社会がくまなく都市化する内で職業形態の近代化と国土と農業の保全とを両立させている存在である。これは、普段は農民で必要なときに兵士になった昔の屯田兵を逆にしたものである。そして国の課題は、農的生活者の存在を有意義なものと認め、この新たな就労のカテゴリーに見合った政策を立案することである。こうしたカテゴリーが確立すれば、それは都会の人々の地方への移住と帰農を大いに促進するだろう。彼らは帰農を大げさに考えなくてもよく、農的生活者になればいいだけなのである。

こうして、帰農を考えても農業技術の習得に要する時間や生計を立てられる見通しが容易でないことに不安を感じてしまうなどの問題でためらってしまう都会人の不安は、大きく軽減されよう。そして都会から新しい農的生活者が次々に移住してくるならば、彼らが都会で身につけた技能で地域経済も多様化し、一部の大都市への人口の集中という現代日本がかかえる最大の問題も地方への人口の分散でしだいに解消に向かうだろう。私は、半農半業の市民は就労の変則的形態どころか将来の国民生活の有力なモデルになりうると考えているのだが、この問題はこの論考の結論の部分で後述する。

2　生活様式としての農、国土に住まうということ

それから、「農家」だけでなく従来の「農村」という概念も再考すべきではなかろうか。今時の日本には、農業生産に特化した戦前のような純農村はほとんど存在しない。農村に分類される地域もさまざまの都市的な機能や便宜を備えるようになり、山村に気の利いたレストランや趣味の店があっても驚く人はいない。そしてインターネットは、田舎に住みながら都会的な職業や商業に従事することを容易にした。だからここでもおそらく「農村」に代わる新しいカテゴリーが必要とされている。泥臭い生産に従事する農村とスマートな消費に耽《ふけ》る都市という二分法はもう古いのである。農村地域における各地の農産物直売所の成功は、生産だけでなく消費や流通も今日の農村の課題であることを物

語っていよう。ヨーロッパでは大都会も小さな村落も等しく「コミューン」と呼ばれることが普通である。このコミューンに相当する日本語を新たにつくり出すことがわれわれの課題なのかもしれない。

農業から農への社会の意識の変化は近年の新しい現象である。だがそこには、農業という言葉が登場する以前の日本の伝統への回帰の要素もある。近代以前の日本には農業という産業はなく、農は生活様式そのものだった。支配者たる武士身分は農民を食料生産者とみなしたが、実際には農民は多彩な手工業者や商人でもあり、自治的な村の世界では土木工事など何でもこなした。生活様式である以上、農は「働く」というより「住まう」ことだった。農民の権利と義務は労働からではなく住むことから派生していた。この点では、強欲な商人などの不正に怒った人々が打ちこわしをやり、人間ではなく住居を攻撃したことは象徴的である。そして日本人の繊細な季節感の源泉になったのだから農は美学でもあり、それは美術や服飾や料理にまで浸透していた。そういえば、春に桜を賞《め》でる日本古来の習俗も、桜の開花を山の神が里に下りてきて田植えの準備をすべき時を告げたものとみなしてきた日本の農事暦に由来している。

2011年3月11日にこの国を直撃した東日本大震災と福島原発の破局は日本の転機になると誰もが感じている。この転機はおそらく、衰退しつつある産業とされてきた「農業」の国民的関心事としての「農」への変容を加速化させるだろう。90年代以来、日本人は「経済のグローバリゼーション」が世界を均質化する」という虚構のプロパガンダに振り回されてきた。だが二つの巨大な禍事は日本が自分たちが住んでいる国土というものを改めて痛切に意識するきっかけになった。原発は本来危険なものだから、その事故は純然たる人災である。だが福島第一の事故が四つの原子炉がすべてメルトダウンするという異常に大きなものになった原因は、地震や津波が多い日本の国土の特色に配慮せず地震を軽視した設計のアメリカ製原発を太平洋岸に建設したことにあった。そして日本人はまた、原発事故は戦争でも失うことがなかった山河を日本から奪い住民を難民にするものであることを知った。

大震災と津波の方はもちろん1000年に一度の天災である。だが、これを被災地の人々に言うのは酷なのだが、高い防波堤を設けたことによる安心感など戦後日本を支配したブルドーザーとコンクリートのアメリカ流土木技術に対する過信がありはしなかったか。日本人の先祖代々の知恵は、木曽三川流域の輪中に見られるように、災害と対決するのではなく災害を受け入れながらその致命的な打撃を巧みにかわすといったものではなかったか。日本の国土というものを皮膚感覚で知っていた昔の人々には、あえて災害と共存する知恵があったのではなかろうか。

しかしその一方で、被災地の人々の住みなれた郷土への愛着はじつに印象的なものだった。震災と津波の脅威にもかかわらず郷里を見限って他の土地に移住しようとする人は滅多におらず、大部分の人が瓦礫の山と化した郷里のゼロからの再建を誓った。いや、それだけではない。震災直後に九州などの自治体が見舞い金つきで手厚く避難所を用意したのに西日本に行く人はほとんどおらず、大部分の被災者は東北の近県の避難所を選んだ。人々は少しでも郷里から離れまいとした。これが冷害と凶作を生き抜いてきた東北人魂というものなのだろう。日本の農民の田畑と郷里に対する愛着には特別なものがある。農民にとって農地はたんなる労働現場や財産ではなく祖先の魂が宿る場所だった。それゆえに徳川時代の百姓一揆もそういう場所を守り抜くためのものであり、近代の労働組合の賃金交渉やストライキのようなものではなかった。

だが近代日本の工業化と都市化の歴史は、そういう場所がたんなる不動産になっていった歴史だと言っていい。土地は冷たく抽象的な数字で表わされる経済的価値で評価されるものになった。そして震災、津波、原発事故は日本経済に大打撃を与えるとともに、土地の価値を経済の尺度で計る近代人の狭い了見を深く揺さぶったのである。その結果、農民以外の多くの人々も自分たちが忘れていたもの、日本人が代々愛情と畏《おそ》れをもって慈しんできた国土という存在を改めて意識するようになった。国土は不動産でも経済的資源でもない。国土はそれを住処とする人間に恩恵とともに災禍ももたらす。だから古代の人々にとって土地は人間ではなく神々のものであり、そこから建築工事にまつわる地鎮祭の儀式も始まった。日本を訪れる外国人を感嘆させる日本の国土の精妙な美しさは、地震、台風、豪雪、火山の噴火といった天災に絶えず見舞われる日本列島の地理学的、地質学的特性と裏腹なのである。

日本の自然は美しいが厳しい。その厳しさに耐えられない者には日本に住む資格はない。ウランを開発利用が可能なおいしい資源としてだけ見てウラン利用の致命的な危険さを無視する天を恐れぬ態度が福島原発の事故をもたらした。フクシマは、土地を開発利用すべき資源とみなし国土の上に住まうことの厳粛さを忘却した戦後の日本人が行き着いた破局だった。それゆえに東日本大震災と福島原発の事故は歴史の大きな転機になるだろう。多くの人々が日本の国土の特質について、その上に住まうことの意味について改めて考え始めた。そして国土はたんなる資源や環境ではなく日本人の文化や習俗やモラルを育んできた存在であることを感じている。記憶が甦り、人々は忘却してきた真実に目覚めたのである。

この目覚めとともに、以前から漠然とした形で芽生えていた「農業から農へ」の国民意識の変化はより明確な意味をもつことになるだろう。衰退した未来のない産業として貶《おとし》められてきた「農業」は、人々が国土に住まう営みやたしなみとしての「農」にいずれ取って代わられよう。大震災と原発事故はあらゆる面で行き詰まっていた日本を直撃したのであり、戦後型企業経済の延長線上にはもうこの国の未来はない。だが歴史においては、終わりは常に何かの始まりでもある。否、日本では以前からすでに何かが始まっていた。われわれはすでに生まれている農の文化のひこばえがこれから見事に成長しこの国に広く深く根づいていく様を見守ることになるだろう。

第1章　世界の現状
――なぜシステムは不安定化したのか

1　無視された警告「成長の限界」

石油ショックを次の年に控えた1972年に公刊されたローマ・クラブ報告『成長の限界』は欧米や日本で大きな反響を呼んだ。この報告は、先進各国の政財官学界のエリートが集まるシンクタンクであるローマ・クラブに委託されてマサチューセッツ工科大学のメドウズらが経済成長を続ける工業社会の未来をコンピューターでシミュレートしたものである。そしてさまざまなフィードバック・ループをシステム・ダイナミックスの手段でシミュレートしてみた結果は、経済成長がこのまま続くならば先進国の社会は21世紀中に経済成長の限界にぶつかり、その結果、世界人口は大きく減るだろうというものだった。このシミュレーションの結果は、当初は世界に衝撃を与えた。成長の限界を証言したのがそうそうたるエリートの集団だったことも衝撃を大きくした。だがあろうことか、この報告はその後は反論も反駁もないまま臭いものに蓋の扱いを受けることになった。

そのきっかけは続く1973年の石油ショックである。アメリカのニクソン大統領が1971年にドルと金の交換を停止したいわゆるドル・ショックのあおりで原油輸出で稼いだドルが大きく減価したことに反発した中東産油諸国は、OPECというカルテルを形成、折りからの第4次中東戦争も絡んで、イスラエルに友好的な先進国に対する原油の輸出を禁止した。この石油ショックで先進諸国の工業経済は燃料切れの危機に直面し、70年代をとおして経済の停滞と原油価格の高騰が原因のインフレに同時に苦しむスタグフレーションに陥った。そして不幸なことに、このように工業経済のエンジンが急停止する危険が切迫したことが、ローマ・クラブ報告について冷静に思いをめぐらす余裕を先進国の人々から奪ってしまったのである。むしろ先進諸国はこれ以後、原油価格の高騰が経済成長に課した限界をどんないかがわしい方策に訴えても乗り越えようとする無理が通れば道理が引っ込むような路線に走った。

その結果として80年代以降レーガンとサッチャーの新自由主義の形で出てきたのが、実質的経済成長の不在を金融資本のマネーゲームと国家、企業、家計の銀行に対する負債が増える一方の負の経済成長に置き換えるという、破綻することが確実なトリックである。経済成長は銀行が胴元になったネズミ講になってしまった。その意味では、リーマン・ショック以降の世界経済の破局の起点は70年代初頭のドル・ショックと石油ショックにあるということができる。

こうして成長が虚構と化せば化すほど、少なくとも先進国のエリートの間では経済成長は唯一にして至高なる目標になった。これは、特定の宗教の土台が揺らぐと、その中から狂信的な宗派が出てくる現象によく似ている。この状況の中ではローマ・クラブ報告はまったく無視され、そんなものは存在しなかったかのように扱われた。だが「成長の限界」は無視されただけで反駁されたことはない。今日でも時折、反駁らしきものを見かけることがあるが、それはどれも論点をすり替えた代物である。そうした議論に共通しているのは、報告を予測にすり替え、予測が外れたから成長の限界は疑わしいとするものである。

たとえば、「2020年までに原油の生産は頭打ちになるだろう」という見解に対して、72年当時には存在しなかった新油田が次々に発見されていることを指摘する。だが報告は作成者のメドウズらが注意しているように予測として提出されたものではない。報告は現状のような成長がこのまま続くならばという前提で外挿法によって未来の状況をシミュレートしたもので、たとえ新しい油田の発見や思わぬ技術革新などがあったとしても先進国はいずれ不可避に成長の限界にぶつかる、というのがそのコンピューターを駆使したシステム分析の結論なのである。この結論を反駁するには、無限の成長が可能であることを証明するしかないだろう。

そしてこれがきわめて重要なのだが、メドウズらの意図はたんに成長の限界を証明することにあったのではない。もう一つの大問題は、システムが成長の限界に近づくと不安定化することである。資源と環境に余裕があり経済が順調に成長している間は、たとえば国家の統治機構、金融、企業経済といったさまざまな下位システムはその分野の境界内で自律的に動いている。だからある分野で問題が発生しても、それが他の分野に影響することはほとんどないので、その問題に的を絞ってそれを制度によって解決することは容易である。しかし成長の限界が明確に露呈してくるとそうした境界ははっきりしなくなり、ある分野の危機が連鎖的に他のさまざまな分野に波及する。そうなるともう収拾がつかない。

こうした事態を制度的にコントロールすることはきわめて困難である。システムの不安定化は、人間から既存の制度によって問題に対処する能力を奪う。不幸なことにわれわれは今、その実例を目にしている。リーマン・ショックが引き金になった現在の世界経済の危機に対し各国の政府は何ら効果的な対策を打ち出せず、むしろ事態を悪化させるだけの気休めの応急措置を繰り返しているだけである。ここでは、事実上マネーゲームで破産した金融資本の危機が国家の統治機構や財政、国際的通貨貿易体制、社会の治安の危機に連動し、グローバルな危機を生みだしている。日本においても福島原発の事故は、戦後日本で経済成長を推進してきた政財官のシステムの全体を揺さぶっており、制度的な収拾が困難な状況をもたらしている。だからこれは事故というよりシステムの包括的な危機なのである。

だがこうした混乱を前にして途方に暮れる必要はない。すでにメドウズらのシミュレーションによって、システムの不安定化の原因は成長の限界にあることは解っているのである。この限界が否定しがたい冷厳な事実としてあらわになってくるとともに、経済成長を前提に設計された政治経済社会のシステムは故障して動かなくなる。こうした状況においては問題を解決すべくつくられた制度自体が問題と化してしまっているのだから、制度の改良や修正や補強によって事態を打開することは不可能である。それはパンクしたタイヤにポンプで必死に空気を入れようとするような無益な作業でしかない。

ではどうすればいいのか。まず第一に必要なことは、既存の政治経済社会のシステムが修復不可能な形で壊れてしまったことを潔く認めることである。第二に必要なことは、いかなる問題がシステムの危機を惹き起こしたのかを正確に見極めることである。根本にある問題を突き止めれば、われわれはそれを解決するための制度を試行錯誤で新たにつくっていくことができよう。そしてじつはこの点がローマ・クラブ報告の欠陥だったのである。この報告は成長の限界を証明しただけで、経済成長を推進している要因については考察しなかった。おそらくこれが原因で、報告は刊行当時の大反響にもかかわらず論争を巻き起こすこともなく棚ざらしになったのである。

だが経済成長を推進している要因は何かという問いに対しては、すでに70年代に答えが出ていた。というのも71年にニクソン大統領がドルと金の交換を停止したことから生じたドル・ショック、および73年に第４次中東戦争に絡んで発生した石油ショックによって戦後の先進諸国の順調な経済成長は終わりを告げたからである。これ以後各国の企業の収益は低下し、70年代は停滞とインフレが同時に起きるスタグフレーションの時代になった。ドルと石油の二つのショックによる繁栄の終焉は、戦後の先進諸国の安定した経済成長はドルと石油の恩恵によるものであることを示していた。だから経済成長は何よりもそれを可能にした通貨（ドル）とエネルギー（原油）の視角から考察されねばならない。もっとも古代や中世においても文明社会はつねにエネルギーと通貨の供給を土台としていた。産業革命以前の伝統的な文明では、エネルギーは主に農業によって供給され、通貨とは金、銀など貴金属のことだった。これに対し20世紀における先進諸国の歴史的に前例のない経済成長を可能にしたのは、戦勝国アメリカが世界に広めた原油とドルにもとづく経済体制というエネルギーと通貨の新しい在り方だった。

2　過剰発展を可能にした原油

人類社会のいかなる経済にも、その根本にはエネルギー収支の問題がある。エネルギー収支とは、一定量のエネルギーを得るために必要なエネルギーのインプット（入力）とそれにより利用可能になるエネルギーのアウトプット（出力）との差である。農業を例にとるなら作物を栽培する農作業に使われるエネルギーがインプットであり、収穫された作物を食べて得られるカロリーがアウトプットである。この収支に少しでも余剰ないし黒字がなければ文明社会は成立しない。そして農業では、この余剰は限られたものだったので、停滞や低成長が伝統文明の特徴となった。もしこの世界でも例外的な豊かさが見られた場合には、それはローマ帝国の繁栄のように往々にして略奪や奴隷制を代価としていた。

だが石炭を原動力とする産業革命とともに人類社会のエネルギー収支の余剰は飛躍的に増大した。人類の究極のエネルギー源は太陽である。そして植物は陽光を浴びて光エネルギーを化学エネルギーに変えることで成長する。石炭は太古に植物が腐敗分解する前に地中に埋もれて化石になったもので、いわば地球が長い時間をかけて創り出した太陽エネルギーの膨大な貯金である。だから人類にとって石炭を利用することは、遠い親類の天文学的な額の貯金がある日突然遺産として転がり込んできたようなものだった。

だがその一方、石炭を利用するためには人間が地下に降りて危険な重労働をしなければならない。かさばる石炭の選別や輸送も容易なことではない。石炭を原動力とした19世紀英国の産業革命を分析したマルクスが労働者階級の搾取について語ったことには十分な理由があったといえる。エネルギー収支という点では、石炭が生み出す余剰には限界があった。産業革命は衣食住という人々の基本的必要を充たし都市の公衆衛生を改善することには大いに貢献したが、その中心地の英国においてさえ庶民の生活は相変わらず質素なものだった。

この石炭の19世紀に対し、20世紀は原油の時代である。原油は油田を掘り当てれば自力で噴出してくるし、その精製の工程も徹底的にオートメ化できる。液体の原油はパイプラインを使って容易に大量に輸送できる。原油のカロリーは石炭の２倍であり、プラスチックなどの素材から薬品までその化学的応用の方途の多様さは石炭とは比較にならない。原油の利用によって人類社会のエネルギー収支の余剰は劇的に増大した。20世紀における先進諸国の空前の繁栄はこの余剰がもたらしたものである。

もっともこの石炭から原油への転換は、経済の自然な発展の中から生じたものではない。この転換の決定的な契機は第１次世界大戦だった。この戦争が大戦になった一因は、各国政府が開戦に備えて鉄道によって大軍を速やかに動員できたことだった。鉄道は石炭で動いていた。だがこの史上初の工業戦争で登場した新兵器は、潜水艦、航空機、戦車などいずれも原油を動力とするものだった。戦争がエネルギー源の転換を加速化したのである。こうして原油が物量戦の勝敗を左右することになり、これ以後有力国の国力はエネルギーを尺度として測られることになった。それゆえに、続く第2次大戦はエネルギー戦争の様相を帯びた。資源としては石炭しかない日本とドイツは大産油国でもあったアメリカと植民地の油田をもつ英帝国と対立し、日本軍が南洋にドイツ軍がコーカサスや北アフリカに進攻したのも原油の確保が目的だった。

そして後に原発を生み出すことになる軍事技術の「平和利用」も第1次大戦の産物である。大戦中に開発された軍事関連技術は戦後は民間向けに転用され、アメリカを中心に航空旅行や家庭電化製品や本格的なモータリゼーションの時代が始まった。石炭にもとづく産業革命は衣料など庶民の基本的必要を充たし鉄道やインフラの整備で都市環境を改善する以上のことはできなかった。これに対し大戦は原油という魔法のようなエネルギー源の時代を開幕させ、これ以後、次々に開発される大量生産された画一的な商品の浪費的消費を広告宣伝の力によって庶民に強いる「過剰発展」が先進国の社会を特徴づけることになった。広告と宣伝が示すように、そうした新奇な商品に対する需要は庶民の間から自然に生じてきたものではない。過剰発展は、エネルギー収支に生じた莫大な余剰を自らの富と権力の増大にフルに利用しようとしたエリートの選択だったのである。

このエリートの戦略は主に市場における独占と支配を志向する大企業の形をとった。企業はいわばエネルギー収支の余剰を可能なかぎりエリートの富と権力に転換する装置だった。こうして過剰発展の世界では、デモクラシーを自称する国においても、権利と義務と責任の意識をもった市民は広告業者とマス・メディアに操られる消費者に退化する一方、企業は国家の進路を左右できる事実上の市民権をもつに到り国家と経済の実質的な支配者になった。

マルクスが描いた産業革命期の資本家には新奇な商品の研究開発という発想はなく、伝統的な商品を労働者を搾取して安く生産し競争に勝つことしか眼中になかった。ところが原油による過剰発展の世界では、企業は人々の生活様式を変更したり改造したりしようとする。たとえば自動車会社はマイカーなしにはどこにも行けないような社会を理想とするだろう。このように人々の生活様式を支配しようとする点で、20世紀の企業は政治化しているのである。そしてこの政治的本性ゆえに企業は政治家をその代理人や操り人形にしてしまう。これは選挙の際の企業の政治家への献金とか企業ロビーによるその買収といった次元の問題ではない。企業が政治家に与える任務は、国家と社会の環境を企業にとっての最適な投資環境として整備しておくことである。こうして企業によって社会生活はくまなく企業の影響下に置かれ、企業の課題であるエネルギー収支の余剰の浪費的消費、すなわち経済成長だけが社会が従うべき原則になる。

3　銀行マネーの矛盾

この過剰発展による経済成長を制度の形で可能にしているのが、大銀行による経済の金融化である。産業革命期の家内工業的企業の資本家は資金を知人や親類などからかき集めていた。しかし20世紀の企業は巨額の継続的な設備投資や研究開発投資を必要とし、大企業であっても銀行からの融資なしには存続できない。その結果、銀行が経済の究極の支配者になり、経済はくまなく銀行信用によって組織されるようになった。ここでは「貨幣」とは銀行の金融システムのことであり、個々人の財布に入っている紙幣や硬貨は経済活動の中の数%を占めるにすぎない。われわれはたとえばスーパーでバターを買いレジで現金をやりとりする。しかしスーパーと仕入先の問屋、問屋と乳製品会社の取引は小切手か電子マネーでなされている。さらにこの会社と牛乳生産農家やバター製造装置をつくっている企業との取引も小切手や電子マネーだろう。現代社会の厖大な経済取引の中では現金取引が占める部分はわずかなものである。こうして銀行は通貨の発行と流通を左右することで経済の支配者となり、資本主義の国では国政をもその利益に従属させる影の政府になった。だがこの経済の金融化は国家と社会にとってきわめて危険なことである。

近代以前の世界では、皇帝の肖像が刻まれたローマの貨幣が示すように、通貨の発行は為政者の権限に属することであり、為政者の権力と威信が通貨の信認と流通を可能にしていた。これに対し近代の通貨は銀行券である。17世紀英国にイングランド銀行が創設されて以来、近代国家は通貨の発行権を私企業である銀行に譲渡した国家なのである。そして欧米では19世紀中葉まで各銀行が勝手に通貨を発行していたため経済には混乱が絶えなかった。そこで銀行業界は過当競争による共倒れや預金者による取り付け騒ぎなどを予防するためにカルテル（企業連合）を形成することにし、19世紀後半から20世紀初頭にかけて先進諸国では銀行業界を代表する「銀行の銀行」として一国の通貨発行権を独占する中央銀行が創設された。世間では今でも中央銀行を国家の銀行と勘違いしている人が多い。だがどこの国でも中央銀行は銀行業界がつくったカルテルを代表しているにすぎない。だからたとえば日本銀行は資本金で設立され、事実上の株式を発行している私企業である。ただアメリカの連邦準備銀行に較べて日本銀行には半官半民の国策銀行の要素も濃い。これは明治以来の日本の官主導の「上からの資本主義」を反映していると言える。

このように業界が中央集権化されたことで大銀行の経営は安定し、おりしも企業が銀行からの巨額の継続的融資を必要とする時代が始まっていたから、銀行の経済に対する影響力は以後飛躍的に拡大した。そして政府もまた、普通選挙権がもたらした大衆民主主義の時代にはさまざまな利益集団の要求を充たすための絶えざる財政の拡大を必要としていたので、国債の購入という形での銀行からの融資なしには存続できなくなった。銀行はまさに影の政府になったのである。

しかしこのように銀行が経済の組織的支配者になるとともに銀行マネーの宿命的な矛盾が表面化してくる。１９３０年代のアメリカ発の世界恐慌はこの矛盾が惹き起こしたものだった。では銀行マネーの矛盾とは何なのか。たんなる金貸し業と異なり中央銀行は、通貨そのものを発行しており一国の経済に対する通貨の供給を左右している。現代では統計技術の発達により生産と消費の円滑な経済循環のために一国が必要とする通貨の量はかなり正確に推計できる。しかし銀行はそうした国民経済計算のデータにもとづいて通貨を発行しているわけではない。通貨の発行と融資はあくまで銀行業界の損得勘定によってなされ、このことだけでもバブルの発生などで経済が混乱する原因になる。ところが多くの人は、1000円札などに「日本銀行券」と明記されているにもかかわらず通貨は国家が発行していると思い込んでいる（政府が発行しているのは100円玉などの硬貨だけである）。

しかしこれは銀行マネーの矛盾としては序の口である。多くの人はまた銀行を金庫のようなものとみなし、銀行は預金者が預けた金を資金が必要な人に手数料をとって貸しているだけの仲介業者だと思い込んでいる。ところがイングランド銀行の発足以来、銀行業の土台になっているのは部分準備制度である。この制度の下で銀行は、預金者がいっせいに預金を下ろす可能性はほとんどないことを利用して手持ちの預金の8倍から10倍の金を貸し出している。このように銀行が貸し出す金の大半は存在しない架空の金だが、それはいずれ銀行に本物の現金として入ってくる。これは奇術であり一種の詐欺である。たとえばAさんが銀行から事業資金を1000万円借りるとしよう。その場合、融資をOKした銀行がすることはAさんの預金口座をつくりコンピューターのキーボードを叩いてそこに1000万という数字を入れるだけである。だが負債の返済期限がきたAさんは、キーボードを叩くのではなく汗を流して必死で稼いだ1000万円を利子もつけて銀行に入金しなければならない。不運にも返済できなければ資産や所得を銀行に差し押さえられてしまう。

しかしAさんが無事に期限内に負債を返済できたとすれば、それは彼が1000万円の価値がある富やサービスを生産した印である。こうして経済が順調に拡大しているかぎり、部分準備制度の下でも銀行の融資がやたらに焦げつくことはない。しかし銀行は生産の統計的予測にもとづいて融資をしているわけではなく、しかも人々の負債は銀行にとっては資産である。だから銀行マネーが支配する経済には通貨の過剰発行によるインフレの傾向がある。その結果、たとえばアメリカでは1913年に連邦準備銀行が設立されて以来、ドルの価値は85％以上減価したと言われている。

それでも経済に成長の条件があれば銀行マネーは経済のアクセルにはなる。しかし銀行マネーとは利子のついた負債のことであり、もし利子が複利ならば利払いは元本を上回ることもある。だからいったん不況になれば90年代のバブル崩壊後の日本のように、企業は投資に回すはずの資金を銀行への返済に充て、銀行マネーは一転してアクセルからブレーキになる。経済に全面的にブレーキがかかった状態が恐慌である。

そして負債以上に問題なのは利子である。銀行がAさんに融資した1000万はそれに見合う富を生みだす可能性がある。だがAさんが払う利子はどこから出てくるのか。それは生産された富からではない。そうなるとAさんはたとえば自分が販売する商品の価格に利子分を上乗せせざるをえず、これは結果的に消費者からその分だけ所得を収奪することになる。実際、ドイツのマルグリット・ケネディの研究によれば、平均して商品の最終価格の半分が直接間接に銀行への利払いなのである。[1] 利子とは労働ではなくたんなる所有に対する報酬である。それは一般勤労者が生産した富を銀行を介して金融資産のある富裕層に移転させる制度であり、それによって「金が金を生むシステム」としての資本主義が成立している。この金融システムは現実に富を生産している実体経済に寄生しており、この二つの経済の間には銀行の御都合主義を介した偶然的な関係しか存在しない。ここでは富の生産と享受ではなく、持てる者の地位を安泰にしさらに富裕にすることが経済の目的になっている。

しかし銀行マネーだけが不況や恐慌の原因なのではない。実体経済のほうにも重大な問題があるのだ。近代の資本主義的工業経済には構造的な欠陥がある。20世紀初頭に社会信用論を創始した英国のクリフォード・ヒュー・ダグラスは自分が軍の任務で監査していた企業の会計を分析することによってこの欠陥を明らかにした。近代企業は生産設備や研究開発への継続的な投資を必要とし、企業会計における減価償却の比重が高まっていく。それに反比例して会計において賃金給与が占める部分は縮小していく。しかし生産費用の中で相対的に縮小していく勤労者の賃金給与だけが、企業が生産した商品を買い取る購買力なのである。この問題のせいで近代工業経済においてはつねに生産と消費の不均衡が生じ、企業は過剰生産、消費者は所得不足に苦しむことになる。

いや、勤労者だけではなく企業や政府にも購買力があるのではないかという疑問が出されるかもしれない。だが企業が買ったものは事務用品から機械まですべて生産費用として商品価格に上乗せされるので、購買力になるどころか消費を圧迫する。そして政府の支出は税収にもとづき、税収はその分だけ勤労国民の購買力が削られたことを意味している。この生産と消費の不均衡に対する唯一の打開策は、いわゆる〝自由貿易〟によって他国の消費市場を横取りすることである。これが国家間の貿易戦争、通貨切り下げ戦争の原因になる。この構造的欠陥をさらに深刻なものにするのが、すでにダグラスの時代に進行していた生産のオートメ化である。オートメ化で設備投資費はさらに増大する一方、勤労者は失業や雑用的雇用に追いやられる。そしてこの問題は企業経済への銀行マネーの介入によって決定的に増幅する。

最終的には、過剰生産と所得不足が原因で遊休化した資本は投機の資金になり、投機のバブルが弾《はじ》けたときに恐慌が発生する。一般に経済学においては、市場における商品の価格は供給と需要の均衡点を表わすものとされている。しかしダグラスの分析に従えば、価格は企業会計に内在する矛盾および銀行マネーの企業経済への介入の結果として形成されている。供給と需要の均衡点どころか、価格は生産と消費の深刻な不均衡の指標なのである。このような価格を指標として動く経済を市場経済と呼ぶことはできないだろう。

生産と消費が恒常的に不均衡であり持てる少数者のさらなる富裕化が経済の目的であるようなところでは、商品が等価で自由に交換される本来の意味での市場は存在しない。そして今日市場経済と称されているものの要をなしているのは中央銀行による通貨発行権の独占であり、通貨の価値は銀行がその損得勘定で勝手に決めているのだから、現代経済は銀行が支配する独占経済と呼ばれるべきであろう。市場での交換による通貨の流れを人々が往来する街道に譬《たと》えるならば、その街道のあちこちに私企業である銀行が関所を作り法外な通行料を取り立てている、そうした〝封建的〟独占がこの経済の特徴なのである。

企業会計の欠陥と銀行マネーの矛盾はいずれ恐慌の原因になり、社会の経済活動には全面的にブレーキがかかる。この窮状を打開するには、ダグラスが社会信用論で論じたように、①銀行券を政府が統計的な経済予測にもとづいて無利子で発行する政府通貨に置き換え、②市民権だけを条件に政府が全国民に一律無条件に支給する国民配当（ベーシック・インカム）によって人々の所得を雇用以外の形で補強することが必要である。この信用の社会化と基礎所得保証の問題は後述する。

4　先送りされた銀行マネーの矛盾を表面化させたピーク・オイル

ここで考えたいのは、近代工業経済には以上のような欠陥や矛盾があるのになぜ簡単に崩壊しなかったのかということである。崩壊どころか、第2次大戦後の先進諸国は空前の繁栄を享受してきた。この問いに対する答えは、原油という魔法の資源以外にない。原油がもたらしたエネルギー収支上の莫大な余剰については先述したが、これは経済システムの欠陥や矛盾を補って余りあったのである。むしろ無から創造した大量のマネーをまき散らす銀行経済は、原油が可能にしたエネルギー浪費型大量消費文明にマッチしたものだったと言える。大戦後の先進諸国では車、電化製品、郊外住宅に代表されるアメリカ的生活様式が広まったが、こうした高価な耐久消費材による消費の飛躍的な拡大は銀行のローンなしにはありえなかった。そして安く豊富な原油のおかげで経済のパイがどんどん大きくなっていく世界では、銀行に負債を利子をつけて返済することも容易だった。過剰発展の世界では原油の大量消費と銀行経済は完全に一体化していた。そこでは原油は銀行マネーの矛盾から生じる問題を先送りしただけでなく、むしろ銀行の仲介によって経済成長の原動力になった。

だがそれだけに、安く豊富で良質な原油の時代が終わり文明のエネルギー収支が悪化してくると、事態はたんなる戦後の繁栄の終わりではすまなくなる。原油のおかげで先送りされてきた銀行マネーの矛盾が表面化してくるのである。21世紀初頭の世界の現状をさまざまな大きなシステムの不安定化として捉えるならば、システムの極端な不安定化の根本にはエネルギーと通貨の問題がある。たとえばシステムの不安定化の明白な例である地球温暖化の脅威にしても、原油の浪費なしには回っていかない経済システムから派生した問題である。また２０１１年来この国を揺るがしている福島原発の破局にしても、70年代以降の各国の石油危機に触発された原発建設ラッシュに関係がある。それゆえにエネルギーと通貨というシステム不安定化の根本要因に向き合わないかぎり問題は解決しないばかりか、一時しのぎの対症療法はむしろ事態を悪化させる恐れが大きい。

そこでまずエネルギーだが、先に国際エネルギー機関は「世界は２００８年にピーク・オイルに達したとみられる」と発表した。ピーク・オイルとは、原油の増産が限界に達し、以後その採掘量が逓減していく原油生産の折り返し点のことである。だが実際には、世界はすでに70年代にピーク・オイルを迎えている。良質の原油を容易に大量に採掘できたのはこの頃までである。これ以後、有望な大油田の発見はなく、危険な海底油田の開発が盛んになった。２０１０年に発生したメキシコ湾の海底油田の原油流出事故は記憶に新しいが、カリブ海の生態系を大規模に破壊したこの事故では英国のＢＰ社は海面下１・５㎞の深海の油田を採掘していた。大量のエネルギーを使って技術的に容易でない採掘をしても、限られた量の質の悪い原油しか採れない。それが原油生産の現状である。

原油の代替資源になると注目されているオイルサンドやオイルシェールについても同じことが言える。オイルサンドなどは、その採掘と精製にともなう深刻な環境破壊を別にしても、そのために多大なエネルギーの投入が必要とされるわりには限られた量の原油が生産されるだけで、エネルギー収支上ではたいしたプラスはない。したがってピーク・オイル以後、人類社会がエネルギー収支の急速な悪化に直面することは避けられそうもない。そしてリーマン・ショック以来の目下の出口が見えない世界経済危機も、根本的には、この収支の悪化が厳然たる事実として表面化してきたものと言うことができる。エネルギーの危機と通貨秩序の崩壊は連動しているのである。

20世紀の世界に深い傷跡を残した1930年代の大恐慌と目下の経済危機はどこが違うのだろうか。銀行マネーの矛盾が経済活動に全面的にブレーキをかけた負債デフレという問題の構造ではどちらも同じである。だが30年代の当時は、アメリカにおいてさえ本格的な石油文明の時代はまだ開幕していなかった。恐慌に打ちのめされた民衆を描いたジョン・スタインベックの小説『怒りの葡萄』が農民を主人公にしていることは象徴的である。先進諸国で石油文明が開幕しようとしていた矢先に純然たる金融危機がその足を引っ張ったのが30年代大恐慌だった。それゆえにヒトラーがアウトバーンの建設で完全雇用を実現し国民車フォルクスワーゲンの普及で民心を買おうとしたことは、戦後の石油文明の到来を予告していたと言える。

一方アメリカでは大戦による軍需ブームが恐慌を終わらせ、原油にもとづく工業化の過程が再び軌道に乗った。そして大戦に勝利して比類ない覇権国になったアメリカは原油を浪費するアメリカ的生活様式を戦後の世界に広めていった。これに対し現在の経済危機の端緒は、石油危機が先進諸国を揺さぶった70年代に遡る。エネルギー収支の長期的な悪化がこの危機の背景にある。しかし危機の直接的な原因はやはり銀行マネーの矛盾にある。経済が成長の限界にぶつかったことを銀行は否認し、ローンによってどんどん拡大する経済という戦後の方式を推進し続けた。そして欧米の銀行は有望な投資先が乏しくなったことから生じた過剰な資本を天文学的な額の金がギャンブルで動くマネーゲームに回した。

だが経済の成長なしにはローンは返済できない。それゆえに戦後の経済成長は、企業、国家、家計の銀行に対する負債が増えるだけの負の成長に一変した。負の成長とは、負債の増大が富の増大のように見えるネズミ講経済のことである。リーマン・ショックのきっかけも、不動産バブルの中で銀行が返済能力のない低所得層にまで住宅ローンを甘言で売りつけたネズミ講の破綻だった。負の成長の行き着いた果てが今の経済危機なのである。そして世界の金融資本が目下かかえている不良債権の額はマネーゲームが絡んでいるので人類社会のＧＤＰの総計の14、15倍に達するとされている。これは絶対的に返済不可能な額であり、成長の限界を無視してきた世界の金融資本は最終的、決定的に自壊したのである。エネルギー収支の莫大な余剰がなくなれば銀行は消滅するしかない。

5　銀行経済のサブシステムとしての近代租税国家の解体

今の経済危機と30年代大恐慌とのもう一つの大きな違いは、この銀行の自壊が国家財政を巻き込み近代的租税国家の解体をもたらしていることである。70年代以降の低成長経済の中で、銀行にとっては各国の国債が最大の資産になっていった。というのも、国家は倒産しないし万一の場合には国民に対する増税によって国債を償還してくれると考えられたからである。他方で議会政治家のほうも、低成長にもかかわらず自分の選挙のスポンサーになっている利権集団に対する利権のばらまきを続ける必要があったので、国債をやみくもに発行する放漫財政に走った。目下世界を直撃している国家の財政破綻は銀行と議会政治家の合作の産物なのである。そしてこの事実が、近代租税国家の正体をあらためて明るみに出している。

この国家の建前では、公共の福祉が租税の目的ということになっている。しかし近代租税国家の本質は、国家が中央銀行に通貨の発行権を譲渡していることにある。ゆえにその租税制度は、この譲渡から生ずるさまざまな経済的社会的矛盾に対処し、それによって銀行マネーの支配を補完する銀行経済のサブシステムなのである。この租税制度によって国家は銀行の侍女になっている。してみれば80年代不動産バブルの崩壊に際して、地上げ騒動などで社会に大きな迷惑をかけた大手銀行が自民党政権によって国民の税金で救済されたことは不可解なことではない。そして90年代以降、ばらまき型公共事業の乱発で爆発的に増えた国や地方自治体の負債も、基本的にバブル崩壊で帳簿のバランスがおかしくなった銀行を救済するためのものだった。

現在日本のＧＤＰの2倍半に達している国家の負債の原因は福祉予算ではない。もちろん、膨大な不良債権をかかえて破産状態の大手銀行を倒産させてしまえば、問題はすべて解決したのである。しかし議会制国家と銀行資本は一蓮托生であり、政治家は銀行を救うことしか考えない。市場で失敗した者は退場するという市場経済の論理は銀行の独占経済に対しては通用しない。しかし国債を買い漁って国家を借金漬けにしてしまったことの結果が銀行にはね返ってくる。リーマン・ショックとともに、国家の破産という銀行が想定していなかった事態が世界中で発生してしまった。

その典型的な例が目下世界の耳目を集めているEUにおける主権国債務（ソヴリン・デット）の危機である。主権国債務という金融用語は、銀行が国家をまるまる抵当に入れてしまった事態を意味している。1998年以来のEU諸国のユーロによる通貨統合は市場規模の拡大、取引費用の節約、労働力の自由な移動などによる経済成長を意図したものだった。しかしEU加盟各国の国情、歴史、文化の違いを無視し銀行資本には優等生の輸出大国ドイツを優遇する経済至上の通貨統合は、EU経済内部の歪みや不均衡を拡大させた。

その結果、リーマン・ショックの波をかぶった財政基盤の弱いギリシャ、スペイン、イタリアなどは、ドイツやフランスのメガバンクに対する莫大な負債を税収で返済できる見込みがなくなった。それでもこれらの国の政府は国民の窮状を無視して銀行への債務返済を国家の最優先事項とし、国家をにっちもさっちもいかない事態に追い込んだ。彼らはヨーロッパ中央銀行やIMFからの援助と称する——事実上は外国メガバンクを救済するための——緊急融資を受け入れたが、これはさらに大きな負債で満期になった負債を返すことだった。他方で彼らは返済に回す税収を捻出するために自殺者が出るような超緊縮財政、国有財産の切り売り、公務員の大量首切りなどを実施したが、その結果経済危機はさらに深刻なものになった。負の成長を演出してきた金融資本は近代租税国家を破産させてしまった。銀行と一蓮托生だったこの国家は銀行と心中状態に陥ってしまった。

そしてギリシャやスペインはたんに典型的な例であるにすぎない。ＥＵ諸国に比べればまだ相対的には安定している日本でも、銀行の抵当に入れられた国家という問題の構造は同じである。そうでなければ出口の見えないデフレの中で消費税の増税が政府の最優先の課題になることなどありえない。エネルギーと通貨の危機に起因するシステムの不安定化は、こうして国家の破産と解体、政治経済システムの動揺と麻痺、それにともなう社会の混乱というその帰結に行き着いた。今日の世界ではどこの国でも政府にはもう問題解決の能力はない。そして影の政府である銀行も危機の中を木の葉のように漂っているだけである。だから政府に問題解決の能力があることを前提にした近代の人民主権の観念は再定義される必要がある。人民主権の原則は古代ローマの格言「人民の安寧が至高の法である salus populi suprema lex est」に遡る。そして今日、人民に安寧を保証できるのは人民自身以外にない。ここでは自分自身の知恵と工夫で問題に向き合う草の根の人々こそが主権者なのである。

注

（1）Margrit Kennedy "Interest and inflation free money" Seva International, 1995.

第2章　グローバリゼーションからローカリゼーションへ

1　日本は「貿易立国」か？

2011年の日本は東日本大震災と原発事故という非常事態に加えて環太平洋経済提携協定（TPP）への参加問題でも大きく揺れた。最初にTPPへの参加に反対の声を上げたのは、関税の全廃を目指すTPPに日本の農業が壊滅する危険を感じとった農業関係者だった。しかし次第に多くの人々が、TPPは関税自主権の放棄に留まらず金融財政など経済関係諸法規を画一的な国際基準で統一して国家主権を大きく侵害するものであることに気づいて参加に反対するようになった。

もともとTPPはシンガポールやニュージーランドなど国内市場が小さい小国が市場規模の拡大を意図して結んだ協定である。だがアメリカが後から協定に割りこんできたために、TPPは日米間の経済的国境が取り払われる日米の自由貿易協定の意味をもつことになった。もっともアメリカのＴＰＰ参加は、雇用問題を重視していることを有権者にアピールしたいオバマの選挙対策の要素が濃く、同国の政財界が総力を挙げて推進している政策とは言えない。そして日本でも、経団連のテコ入れにもかかわらずＴＰＰ参加反対の声は高まる一方である。現状では少数派が協定への参加をごり押ししているにすぎない。

それにしてもＴＰＰは日本人に貿易というものがもつ意味を再考するいい機会を与えてくれた。世界銀行の２０１１年度の統計によると、各国のＧＤＰの輸出依存度はドイツが50・２％、中国が31・４％、韓国が56・２％で世界の平均依存度が30・４％であるのに対して、日本は15・１％にすぎない。日本より依存度が低い主要国としては14％のアメリカがあるだけである。最近の日本の依存度も多少上昇しているが、貿易立国などというものではない。[1] 日本は内需中心経済の国であり、商品の輸出は死活問題ではない。しかし敗戦後に貿易で細々と稼いだ外貨を戦災からの復興の資金にせざるをえなかった時代の記憶が未だに残っているせいか、「日本は貿易立国の国」という錯覚をもっている人が今でも少なくない。そうした錯覚もあって、この国では、貿易は国民が生産した富を海外に回して一部の輸出志向の大企業を潤すだけのものではないかという疑問の声が上がることはほとんどなかった。その結果、ＴＰＰ反対派の間にさえ貿易による経済成長という政財官界の不毛な戦略が富の不公平な分配、格差と貧困を拡大したこと、今日の貿易が限られた市場を略奪し合うゼロサム・ゲームにすぎないことを指摘する者が見当たらない。そして歴史を遡れば、ペリーの黒船の圧力による日本の開国は、鎖国したまま何不自由なく暮らしていた日本が欧米列強が主導する世界貿易のメカニズムに強引に組み込まれることを意味していた。近代日本の歴史は、日本がこの世界貿易の論理に過剰なほど適応しＧＤＰ世界第２位の経済大国にまでなっていった歴史であるとも言える。そして、自由貿易の名の下に国家主権を侵害する危険のあるＴＰＰは、こうした問題に対する歴史的な決算を日本人に改めて迫っているのである。

２　「世界貿易」の起源

世界貿易というものの誕生には明確な日付がある。異なる共同体間でのたんなる物資の交易は未開社会にさえ存在した。古代や中世の貿易の代表的な例はシルク・ロードを介した古代ローマと中国の貿易である。それは基本的に自給自足している経済国の間で上流階級のために奢侈品や異国的な品物が交換される、経済にとって周辺的、例外的な現象にすぎない貿易だった。そして近代の世界貿易は、１４９２年にコロンブスが新世界アメリカに到達し大航海時代が開幕するとともに始まる。これは世界史的にも前例のない出来事の始まりだった。

どこでも自給自足が経済の通則だった時代に、なぜ西ヨーロッパだけが世界貿易という未知の事業に乗り出したのであろうか。それにはいろいろな要因が複雑に絡んでいるが、その中で主要な要因と考えられるものを挙げてみよう。

（1）ローマ帝国の滅亡後にアルプス以北の未開な西ヨーロッパに誕生した中世文明の定礎はキリスト教の修道院が据えたものだった。修道士たちはローマ文明の遺産を注意深く保存しゲルマン系などの住民に伝えたが、その中には香辛料を多用するローマの食文化も含まれていた。そしてヨーロッパの風土は牧畜に適していたので肉食が普及することになったが、冷蔵庫がない時代にあって肉の防腐防臭のために熱帯産の香辛料、とくに胡椒が必要不可欠になった。このようにヨーロッパは、寒冷なその土地では産出しない物資を生活必需品として日常的に大量に必要としていた例外的な地域だった。だから世界貿易もまず熱帯産香辛料を入手するための海路による遠隔地貿易として始まった。

（2）すでにローマ人はインドに香辛料の集積所をもっていたが、ムハンマドの大征服で地中海がイスラムの海となって以後はインドの香辛料はアラブ人の船と隊商によって西方に運ばれ地中海を渡ってヨーロッパに入った。商業都市国家ヴェネツィアはこの香辛料貿易の独占によって栄華を誇った。しかし1453年に東ローマ帝国の首都コンスタンティノープルが陥落しオスマン・トルコの帝国が成立すると、この貿易ルートには高い通過関税がかかるようになり、ヨーロッパ人が香辛料を入手することは困難になった。これが彼らの目を地中海から大西洋に向けさせた。

（3）中世末期のヨーロッパは新たな経済発展の時期を迎えていた。しかしヨーロッパでは主に北アフリカ産の金しか入手できず、金銀だけが貨幣だった時代にあって経済発展に見合う金の量が絶対的に不足していた。周知のように、コロンブスの航海の目的は香辛料の入手と並んでマルコ・ポーロが伝えた黄金の国ジパングの発見だった。

（4）巨大大陸国家の中国などとは異なり、ヨーロッパではつねに似たような規模の国々が激しい勢力争いを演じていた。この国家間競争に勝ち抜くためには可能なかぎり国力を充実させる必要があり、海外からの富の収奪はその重要な手段となった。

世界貿易の端緒になったのは香辛料だが、それが実際に一つのシステムとして完成する契機になったのは、コロンブスの航海に続くヨーロッパ人による新世界アメリカ侵略と征服である。というのも、新世界の征服はシステムの確立に必要な資本、市場、労働の三要素を一挙に創り出したからである。

まず第一に、16世紀にコルテス、ピサロらスペイン人征服者（コンキスタドレス）がアステカとインカの両帝国から莫大な金銀を強奪したことによってヨーロッパの通貨流通量は3倍に増え、その金不足は一気に解消した。この大量の金銀の流入は「価格革命」と呼ばれる大インフレーションを惹き起こし、それによって封建的固定収入に頼っていた領主とその家臣団は没落し、商人階級が新たに抬頭した。そしてたとえば英国では市中に金が潤沢に出回るようになり、その保管を引き受けた金細工師が金の預り証を通貨として流通させたことが、近代の銀行制度の発端になった。第二に、新世界は煙草などの新しい商品をヨーロッパにもたらし、それまで贅沢品だった砂糖はカリブ海の島々のプランテーションで大量栽培されたおかげでヨーロッパ人の生活必需品になった。その一方、新世界に移住したヨーロッパ人もヨーロッパ的生活様式を維持するためには旧世界からの大量の物資の輸入を必要としていた。その結果、大西洋を跨いで新旧両世界の間に急速に成長する巨大な消費市場が出現した。第三に、カリブ海やアメリカ南部のプランテーションは大量の安価な労働力を必要としていた。そこでヨーロッパの商人はアラブ人の先例に倣ってアフリカの酋長から酒や装飾品と引き換えに奴隷を購入し新世界に送った。アメリカの先住民は重労働に適さず、しかもヨーロッパ人がもたらした病原菌によって絶滅の危機に瀕していた。しかし黒人奴隷は熱帯の酷暑の下での激しい労働に耐えることができ、報酬を払う必要もなかった。

こうして世界貿易のシステムはまず、資本、市場、労働力の3要素が揃った大西洋経済として成立した。遠い熱帯地域の香辛料を探し求めたそれ以前の冒険商人たちの試みは、まだ貿易が社会の日常に対しては例外的、周辺的な一獲千金の冒険だった時代の名残だった。そしてヨーロッパの食文化に欠かせなかったとはいえ、胡椒はやはり通貨として通用するほどの貴重品に留まった。ところが大西洋経済の成立以後、ヨーロッパでは煙草やチョコレートはありふれた嗜好品になった。このように世界貿易がシステムとして確立するにともない、貿易は庶民の日常生活を左右しその生活様式自体を変容させていくものになった。西ヨーロッパの海運業と海軍に支えられた大西洋経済は、人類史上初めて誕生した世界市場を前提にした経済だった。そしてこの市場はたんなる商品の交換ではなく商品の生産によって成立していた。カリブ海のプランテーションなどが世界市場に向けて商品を生産することで果てしなく拡大する消費の欲望を充たすことなしには、この市場は存続しえなかった。こうして自給自足という経済の伝統的原則は世界市場の論理にとって替わられる。その意味でコロンブスの航海はペリーの黒船の圧力による日本の開国に一直線でつながっているのである。

したがって「資本主義の誕生」とは、この大西洋経済の成立以外の何ものでもない。古代や中世の社会あるいは徳川時代の日本にも商人や商業は存在したが、言葉の正確な意味での資本主義をそこに見出すことはできない。資本主義はあくまで新世界の征服を契機とした世界市場の成立を条件として誕生したのである。

この誕生の経緯自体が資本主義の本性を明らかにしている。まず第一に、アステカとインカの金銀の強奪によって西ヨーロッパに莫大な資本の余剰が発生することが必要だった。長期的な投資に回せる大量の余剰資本なしには資本主義は出現しえなかった。新世界の金銀の強奪から生じた近代の銀行制度がそうした投資を可能にした。第二に世界市場だが、これは慣習的固定的な需要がある商品が交換されるだけの旧来の市場ではなく、濡れ手で粟の大儲けが継続的に期待できる前代未聞の市場だった。というのも、世界市場は新世界の資源の開発、人口の増大、ヨーロッパ人には未知の商品の登場などで、消費が飛躍的に拡大し続ける市場だったからである。こうした市場は暴力によってのみ、強力な国家組織をもつヨーロッパ文明が基本的に未開なアメリカを征服した結果としてのみ、成立することができた。アメリカの先住民には征服者に武力で抵抗するすべもなかったので、ヨーロッパ人は広大で資源豊かな大陸をほとんど代価なしに手に入れることができた。これに較べれば、後の19世紀に欧米列強が日本や中国の市場をこじ開けようとしたときには武力や武力の威嚇が必要だったし、開国によって彼らが得た利益も限られたものだった。ヨーロッパ人が他の文明社会を世界市場に組み込むことは容易ではなかった。英国とオランダは17世紀に東インド会社を設立したが、インドや東南アジアの本格的な植民地化は産業革命以降のことにすぎない。容易に征服できた未開のアメリカだけがリスクの少ない長期的な投資とそれによる継続的な大儲けを可能にしたのである。そして豊富な資本と拡大する市場は次に大量の安価な労働力を必要とした。

しかし資本主義にとって労働力の確保は不可欠ではあっても死活の問題ではない。マルクスは英国の産業革命の分析から資本主義の土台には労働者階級の搾取があると論じたが、実際には労働力は付随的な事柄にすぎない。資本主義にとって何より重要なことは新奇な商品に対する消費の欲望の解放である。次に重要なことは、労働者に多少は可処分所得があって大量生産した商品を買ってくれることである。消費者の存在が資本主義には死活の問題なのである。だから労働者階級がわずかにでも富裕になることなしには産業革命は前進しなかった。この点では、消費者を生み出さない奴隷制は長期的には資本主義の発展に対する障害になった。近代思想が自由を至高の原理として称揚するのも、このことに関係がある。

3　資本主義を誕生させた歴史のタナボタ

一般に資本主義の歴史に関しては、厳格な労働倫理や業績倫理、創意工夫の才、挑戦的な技術革新といったものが強調されることが多い。しかし新世界の金銀財宝を強奪できたことはヨーロッパ人にとって純然たるタナボタだった。また彼らは新世界の広大な国土と資源をほとんど代価なしに手に入れた。そして国王の特許状を得て新世界の資源の開発にあたった会社が近代的企業の原型になった。アフリカの黒人奴隷を酒やビーズで安く購入できたことも、ある意味ではタナボタだった。資本主義を誕生させたのは努力や才能ではなく、歴史上に前例のない一連のタナボタなのである。それは、かなりの代価を払わなければ利益が得られなかった伝統的商業の延長線上で生まれたものではなかった。そして今日でも資本主義的投資とはリスクの少ないおいしいタナボタ的な儲け話を懸命に探し回ることなのである。

産業革命もワットらの発明の才だけによって生じたものではなかった。17世紀以来英国が世界貿易によって蓄積した富が産業革命を可能にした。それだけではない。産業革命自体が直接的に世界貿易の産物だった。小さな島国が世界の海を支配する海洋商業帝国になったために英国は鉄の鋳造や艦船の建造で国内の森林を伐採しつくしてしまった。そこで木材の代替資源として鉄の鋳造にコークスを使用し始めたことが産業革命の発端なのである。

しかし島国という地理学的に有利な条件があったにせよ、英国が七つの海を支配する商業帝国になった経緯にはかなり偶然の要素が含まれている。ヨーロッパで最初に新世界の支配者になったのはコロンブスの航海を後援したスペインだった。英国は新世界から財宝を積んでセヴィリヤに戻る途中のスペインの船団に対する海賊行為と無敵艦隊に対する勝利によってスペインに代わって世界の海を支配する海洋商業国にのし上がったが、これはプロテスタントの英国とカトリックのスペインの宗教戦争から派生した出来事でもあった。そして19世紀に英国は産業革命によって世界の工場になり海外の資源と大きな輸出市場を必要とするようになったが、この問題はインドなどをあらためて本格的に植民地化する帝国主義によって解決された。

英国の国際貿易は基本的に本国と世界各地のその植民地の間の貿易だった。自由貿易という言葉は19世紀前半の英国で生まれたものである。しかしこの言葉は、アメリカからの安い農産物の輸入によって労働者の賃金を切り下げたい産業資本家層と農産物に対する保護関税の壁を守りたい貴族的地主層の間の国内論争の産物にすぎなかった。自由貿易は、英国が世界に対して掲げた国際経済の原則などではなかった。英国には植民地の市場があった。

4 軍需産業と世界貿易によるアメリカの世界戦略

自由貿易を史上初めて国際経済の普遍的原則として掲げた国はアメリカである。そして二つの世界大戦に勝利した超大国アメリカにはこの原則を世界に強要しうる比類ない覇権があった。アメリカ合衆国はヨーロッパからの入植者が独立革命後に無から創り出した国である。そして旧世界からの干渉の恐れはなく先住民や隣国のカナダ、メキシコも脅威ではなかったので、どんな国家を創設するかはまったくアメリカ人の自由だった。そこで彼らは政体は共和制だが経済に関しては当時の覇権国家大英帝国をモデルにした国を創設した。新国家の憲法を起草したのは英領植民地時代に財をなした資産家層だった。

そして典型的な資産家だった初代大統領ジョージ・ワシントンはその演説で「アメリカ帝国の興隆」について語っていた。アメリカは19世紀前半にモンロー大統領の宣言によってその裏庭である中南米からヨーロッパの勢力を排除した後は、アヘン戦争以後ヨーロッパ列強の進出が進んでいる中国の市場に目を向け始めた。ペリーの黒船の来航も日本を中国との貿易の中継基地にするためのものだった。そしてアメリカの国内開発が完了した19世紀末にジョン・ヘイ国務長官が打ち出した門戸開放宣言は、中国に進出した日本を含む列国が中国の市場を各国の利権で囲い込んでいることに対する警告であり、アメリカのイデオロギーとしての自由貿易の出発点だった。この門戸開放政策をめぐって絶えずアメリカとトラブルを起こしていた国が日本であり、それが真珠湾攻撃に行き着いたと言える。

七つの海を支配する大英帝国の出現は一連の偶然と機会主義の産物だった。これに対しアメリカが英国経済をモデルに無から創造された国であることは、英国にとって替わる海洋商業帝国になることが国家の目標として意識的計画的、組織的に追求されることを意味していた。自由で平等な幸福の追求というういわゆるアメリカの夢は、帝国になるという国家目標に従属したものでしかなかった。しかし20世紀に入ってから世界貿易が明確にアメリカの国家戦略の要になったことに関しては、30年代の大恐慌が決定的な影響を及ぼしている。大恐慌の原因はやはり銀行マネーの矛盾から生じた企業の過剰生産と消費者の所得不足、投機に回った過剰資金による金融バブルであり、このバブルの崩壊が深刻な負債デフレを惹き起こしたのである。

したがって恐慌を打開し経済を再起動させるためには経済の負債からの解放と所得の再分配が必要だったのだが、ローズヴェルト大統領のニューディール政策は、この根本問題を回避してケインズ的景気刺激策という当座しのぎの策に頼ったために、ほとんど成果を上げられなかった。結局アメリカを恐慌から救ったのは大戦への参戦による軍需ブーム、国民総動員の総力戦による完全雇用の実現だった。それだけに戦後のアメリカでは悪夢のような恐慌を再発させないことが国家の最優先の課題になった。

そこで大戦による恐慌からの脱却を教訓としてアメリカが構築したのが、核とドルの体制、軍需産業と世界貿易を支柱にした国家戦略である。戦時中に肥大した軍需産業はやがて軍産複合体を形成するにいたったが、軍需は純然たる浪費なので過剰生産の問題を惹き起こす恐れがなかった。冷戦の演出とアメリカが全世界に展開した米軍基地によってその需要は維持できた。

過剰生産の問題を解決するもう一つの政策は貿易である。過剰生産の恐れがある商品を海外に輸出してしまえば体制の矛盾を解消できるうえにアメリカ企業の利益になるのだから一石二鳥である。歴史的には長らく貿易は、日本がインドからカレー粉の原料を輸入するといった国民経済を補完するだけの二次的な経済行為にすぎなかった。しかし20世紀に入ると、貿易はますます企業の過剰生産と消費者の所得不足という体制の矛盾を解決するための手段に変わっていった。そしてアメリカは、この体制の矛盾と危機を輸出する貿易を体系的な国家戦略にまで仕上げたのである。

5　ブレトン＝ウッズ体制とニクソン・ショック

しかしこうした戦略的貿易が可能であるためには、アメリカが生産する膨大な商品に見合う、障壁がなく通貨価値の変動などによる攪乱の恐れもない開かれたグローバルな市場が存在しなければならない。そうした市場は自然に生まれるものではないから計画的に創出する必要がある。そして戦火で荒廃した世界の中では、無傷のまま大戦に勝利して比類ない超大国になったアメリカだけにこの市場を創出し世界をそれに組み込む能力がある。そこでアメリカは障壁なき世界市場を実現するための制度的インフラを整備し、共産圏諸国以外の国際経済をそれに組み込んだ。それがまだ戦時中の１９４４年の国際通貨金融会議で発足したブレトン＝ウッズ体制である。

１９３０年代の戦間期には各国が恐慌の中で金本位制から離脱したため貿易を決済する共通通貨がなくなり、それが国家間の通貨切り下げ競争やダンピング輸出、関税障壁の強化を誘発して世界貿易は深く混乱した。恐慌の中でどの国も他国に失業を輸出しようとしたからである。そこで戦後に世界最大の金保有国になったアメリカは、ドルの価値を金で裏づけ、このドルを尺度に各国の為替相場を固定することで、貿易が円滑に決済されアメリカ企業が自由にアクセスできる広大な世界市場を創り出そうとした。こうしてブレトン＝ウッズ体制の下で１ドルは金35オンスと定められ、アメリカはこのドルを世界貿易の決済通貨にするために多少貿易赤字を出すことでドルを世界に散布し、各国は貿易で稼いだドルの金との交換を随時アメリカに要求することができた。戦後の西側先進諸国の経済成長はひとえにブレトン＝ウッズ体制が可能にした世界貿易のおかげである。

たとえば工業資源がほとんどない日本は、そのおかげで世界各地から原油や鉱物資源を自由に輸入できたし、戦災から復興した後も1ドル360円という輸出に有利な円安の固定相場が維持されたことからも恩恵を受けた。この体制なしには戦後の西側世界に車や電化製品のアメリカ的生活様式が広まることはありえなかった。戦後の経済成長の歴史はすなわちブレトン＝ウッズ体制の歴史なのである。

だからこそ経済が成長の限界にぶつかるとき、この体制も終わる。ローマクラブ報告『成長の限界』が刊行される1年前の1971年、ニクソン大統領は声明を出し、ドルと金の交換を停止すると発表した。これで世界貿易による経済成長を可能にしてきた準金本位＝固定相場制は消滅した。

この声明の背景についてはさまざまな見解があるが、とうに大戦の戦災から復興した日欧の企業がアメリカ企業を激しく追い上げていたことが最大の要因だろう。大戦に無傷のままで勝った50年代のアメリカの比類ない経済的優位は失われ、ドルを金と切り離して大きく切り下げなければアメリカ企業は世界市場で競争できなくなりつつあった。また世界貿易があまりにも拡大したため、その準備・決済通貨に使われる基軸通貨のドルを限られた量の金で裏づけることが困難になっていたとも考えられる。その点では福祉が充実した「偉大な社会」を掲げるとともにベトナム戦争をエスカレートさせたジョンソンからブレトン＝ウッズ体制を終焉させベトナムから撤退したニクソンへの大統領の交代は、アメリカにとって戦後の繁栄の終わりを告げるものだった。

そしてこの声明はニクソンが意図しなかった二つの重大な帰結によってその後のアメリカの長期的没落の起点になった。その第一は、先述したように、ドル・ショックが産油国輸出カルテルによる石油ショックを惹き起こしたことである。こうして安価な原油を湯水のように使える時代は終わった。しかも良質の原油を容易に採掘できる油田が少なくなるという意味のピーク・オイルは、すでに70年代に始まっていた。ゆえにこれ以後、エネルギー収支の悪化がアメリカ的生活様式と企業の収益を脅かすことになる。

そして第二の帰結は、世界の通貨貿易体制が変動相場制に変わったことである。一国の通貨を世界通貨にするブレトン＝ウッズ体制の下ではドル発行国アメリカは世界経済の管理権を握り、世界に散布されたドルはアメリカが同盟諸国を自国の利害に従属させる経済的手段になった。だが他方でアメリカは、通貨があくまで世界貿易を促進するためのたんなる財貨の交換手段であることを望み、固定相場制によって通貨が市場の価値で変動する金融資産になる可能性を排除していた。それゆえに70年代における固定相場制から変動相場制への移行は、各国の通貨が金融資産になったことを意味する。

この移行によってアメリカは巨大なタナボタ的利益を得た。金の裏づけを失ってもドルは相変わらず各国がそれなしには世界貿易に参加できない準備・決済通貨だった。このドル基軸制の下では、貿易による経済成長を図る国、つまり大半の西側諸国は、アメリカ市場への輸出によってできるだけドル準備を増やさねばならない。何しろドルがなくては原油が買えないのである。この誰もが欲しがるドルの発行権を所有していることがアメリカの途方もない特権である。こうして今や金融資産となったドルを発行するアメリカは、世界に対し銀行の役割を演ずる国になった。先述したように、銀行は無から信用を創造し、その貸し出したローンは満期になれば利子つきで手の切れるような現金となって銀行に入ってくる。アメリカの場合もそれと同じで、印刷機でドル札を無から創り出せば、諸外国はそれと引き換えに喜んで商品を売ってくれるのである。しかも準金本位制を放棄したのだからアメリカはいくらでもドルの増し刷りができる。銀行と同じくアメリカは信用の供給によって安楽に暮らす金利生活者になり、各国は資本の使用料として商品を納入した。

ブレトン=ウッズ体制の目的は世界を舞台にしたアメリカ企業の発展だった。しかしドル基軸制の下でアメリカ経済の土台は企業活動という「労働」から通貨発行権の独占という「所有」に変質してしまった。この変質は、エネルギー収支の悪化とも相まって、長期的にはアメリカの製造業を衰退させる結果になった。そしてドル発行国の特権は大きいとはいえ、貿易赤字のたれ流しは長期的にはドルの信認を危うくする。その対極にあったのが企業戦士が支える日本株式会社だった。それゆえに80年代に貿易と財政の双子の赤字と日本の輸出ドライブに苦しんだアメリカはプラザ合意と称する政治的圧力によって日本に人為的な円高政策を強要し、それが日本に金余りによるバブルを発生させた。

6　グローバリゼーションの本質

ニクソン声明はドルの信認の危機につながらず、むしろアメリカにタナボタ的特権をもたらした。だがプラザ合意による日本叩きは、ドルの信認の揺らぎという形でこの特権のツケが回ってきたことを示していた。アメリカが日本に対しプラザ合意という非常手段に訴えたのは、日本の対米貿易黒字がたんなる黒字ではなく、ドルとアメリカの地位を危うくしかねないような黒字だったからである。

その背景には、ニクソン声明以後の70年代に世界貿易の基調が変わったという問題があった。ブレトン＝ウッズ体制は、世界貿易による先進諸国の経済成長という目的を実現することができた。しかし70年代前半に世界は成長の限界にぶつかった。エネルギー価格の高騰、各国の国内市場の飽和、自動車や電化製品に替わる新しい戦略的商品の不在などが原因で倍々ゲームの成長は過去のものになった。そのためにこれ以後、世界貿易は限られた市場を各国が奪い合うゼロサム・ゲームになっていった。たとえば日本車はGMやフォードの市場を奪うことでアメリカでの売上げを伸ばした。現代においては貿易は体制の矛盾を解決する手段である以上、これは日本が体制の危機を輸出しアメリカ資本主義の矛盾がそれだけ深まることを意味する。

また先進国の企業がその生産拠点を賃金が安く各種規制が緩い発展途上国に移すいわゆるアウトソーシングも、このころから始まっている。かつてGMやフォードがヨーロッパ各国にその系列メーカーをもっていたことは企業の活力を示すものだった。これに対しアウトソーシングは、低成長、需要低迷の現状に生産費用の削減で対応するしかない企業の窮余の策であり、企業の収益構造の悪化を示している。企業の多国籍化は成長戦略ではなく生き残るための防衛的措置だった。

ところが皮肉なことに、貿易が不毛なゼロサム・ゲームになればなるほど先進国のエリートは貿易による経済成長を国策として声高に唱えるようになった。いかに体制の矛盾が深まっても、エリートには貿易によって矛盾を外国に押しつけること以外の策はなかった。そして今日の世界市場にもう拡大の余地がないなら、貿易に対する障害を少しでも排除し限られた市場を余すところなく食い荒らさねばならない。こうして1995年には、ブレトン＝ウッズ体制の一環だった多国間の「関税と貿易に関する一般協定」（GATT）に代わり関税の全面撤廃を目標とする世界貿易機関（WTO）が発足した。しかし2013年12月現在、グローバルな金融危機によってこの限られた消費市場も消滅してしまい、これまで世界貿易の成長で主役を演じてきた中国もその安価な商品を輸出する欧米の市場を失い、中国経済は失速し始めている。2008年のリーマン・ショックの直後に一部の公式機関が前年比マイナス14％と推定した戦後最大の縮小を経験した世界貿易は、その後も低迷したままであり、国際的な商品輸送の90％を荷なう海運業は業界ぐるみ失業の状態に悲鳴を上げている。

変動相場制の下で、ドルをはじめとする西側各国の通貨は資本市場の評価で価値が上下する金融資産になった。そして金融資産というものは金転がしに使わないと意味がない。それゆえにニクソン声明後の70年代に西側世界がずるずるべったりに変動相場制に移行するとともに、金融業界による通貨投機が始まった。通貨は株のようにギャンブルの対象になり、A国の通貨のB国の通貨に対する相場は実体経済のデータによってではなく金融業者の予想や思惑によって変動することになった。しかし大規模な通貨投機が可能になるためには、西側諸国のさまざまな通貨を資本市場で自由かつ無制限に売買できるような体制が必要である。そうでなければ「相場を張る」ことができない。ゆえに変動相場制の下で資本の国際移動に対する規制はどこでも撤廃された。そして巨額の投機資金が国境のない世界を自由に素早く動き回ることになった。その結果、90年代のアジア通貨危機のように、ある国に外部から利ざや稼ぎで大量に流入していた資金が何かのきっかけでいっせいに引き揚げられ国民経済が破綻するといった事態も発生した。

このような経済の金融化、世界経済がくまなく金融資本の影響下に置かれることが、いわゆるグローバリゼーションの本質なのである。グローバリゼーションは往々にして国家間の経済的相互依存の深まりや国境を超えた企業の活動のことと説明される。だがこれらはすでに19世紀に見られた現象にすぎない。70年代以降、世界貿易が量的には飛躍的に拡大したことは事実である。しかしこの拡大は、旧ソ連の崩壊と冷戦終結で共産圏諸国が西側の経済に統合されたこと、開放体制の中国の世界貿易への参加、先進国企業のアウトソーシングによる発展途上国への進出など、外的要因に負うところが大きい。それに中国の対米輸出の60%はアメリカ企業が中国で生産した商品を本国に輸出したものだが、これを本来の意味での貿易と呼べるだろうか。この種の貿易は本国の経済を空洞化させているから、貿易により体制の矛盾を解決するというブレトン=ウッズ時代のアメリカの戦略にも反している。

しかも世界貿易の拡大は、通貨投機でカジノと化した資本市場の拡大とは比較にならない。現在の金融危機の以前には、世界貿易で1年間に動く額の金が世界の資本市場における資本取引では1週間で動いていた。生産と消費の実体経済はこのヴァーチャルな金融経済の影でしかなく、世界貿易はグローバルなカジノ資本主義の付帯現象にすぎなかった。グローバリゼーションとは、国境なき世界市場の論理が従前の国民国家を相対化することだとよく言われる。そして国際標準なるものに合わせて国内市場を自由化し規制を緩和しない〝守旧派〟の国は世界市場における競争の敗者になるといったことが語られる。ところがグローバリゼーションの本質は、世界市場における競争などでなく、グローバルな金融カジノ経済に各国の国民経済が包摂されることなのである。変動相場制は先進諸国に経済の金融化カジノ化をもたらした。

その典型的な例が、今の経済危機の元凶であるウォール街を擁するアメリカである。ジュネーヴの国際決済銀行のデータによると、金融業界がアメリカのGDPに占める比率は1990年には23%だったものが2006年には31%になった。そしてアメリカの企業の収益の中で金融業界が占める比率は、1980年の10%からリーマン・ショックが発生した2008年の40%にまで拡大した。金融業界の肥大はそれだけ企業、国家、家計の銀行に対する負債が増えることを意味する。これがニクソン声明の帰着点だった。

貿易による経済成長にとって替わったのは銀行に対する負債が増えるばかりの負の経済成長だっ

た。経済の低成長にもかかわらず肥大化した銀行が融資先に事欠いて返済能力のない低所得層にまで住宅ローンを押し売りし、その破綻がリーマン・ショックの引き金になった。しかもウォール街のマネーゲームの資金自体、アメリカが自力で稼ぎ出したものではなかった。資金は日本、中国、中東産油国などから流入してきた。日本と産油国には、アメリカのマネーゲーム以外にその貿易黒字の投資先がなかった。環境と社会に対する大きな代価をともなった中国の経済成長は、基本的に先進国企業のアウトソーシングによるものだった。ウォール街の繁栄は成長の限界を証明していたのである。そして負の成長は結局、途方もない不良債権の山となって金融業界にはね返り、世界のメガバンクを破産させることになった。

7　ユーロの消滅とグローバリゼーションの終焉

経済の金融化としてのグローバリゼーションは金融資本の世界的な破産と恐慌によって完全に終焉した。この終焉を反論の余地がない明確さで示しているのが、2013年12月現在、統一通貨ユーロの消滅が時間の問題になっているEUの危機である。

EUは本来は、独仏の対立が原因となってヨーロッパが2度にわたり世界大戦の発火点となったことに対する反省から、西ヨーロッパ諸国の経済協力を促進する目的で誕生した機構だった。しかし1999年に発足したユーロによるEUの通貨統合には、これとは異なる動機があった。通貨統合は、経済の低成長、基軸通貨ドルの発行国アメリカが主導するグローバリゼーションという環境の中で、ＥＵの企業を生き残らせるための政策だった。それは、多様な国々からなるヨーロッパを単一の経済単位に統合して規模の経済の実現や取引費用の節約を図ることにより、ＥＵ企業の競争力を強化することを意図していた。言い換えれば、もはや経済成長がありえない世界で成長を実現しようとする、無理が通れば道理が引っ込むようなＥＵエリートの妄執がユーロを生んだのである。

そうした妄想の産物だったから、国情、歴史、文化の異なる国をビジネスに好都合なように通貨でだけ統合し、国情に左右される金融財政政策は各国でばらばらだった。それでも経済が順調に成長していたらこの経済至上主義は破綻しなかったのかもしれない。しかし現実には、ヨーロッパの地域的グローバル化である通貨統合は金融だけが肥大化する負の成長をもたらすことに終わった。ＥＵ当局の通貨政策は実質的に経済的強者のドイツの利害に即して実施され、ヨーロッパ中央銀行（ＥＣＢ）が管理するユーロの利子率は低く押えられた。利子が低ければ人々は安易に借金をするようになる。その結果、経済的体質の弱いギリシャや南欧諸国の国家、企業、家計も無節制にユーロを銀行から借り入れるようになり、ＥＵ市場に車などを売る輸出大国ドイツはこの借金で水膨れしたかりそめの繁栄によって大いに恩恵を受けた。このユーロはまた、従来から財政基盤が弱かったギリシャやイタリアの財政を借金漬けにしたが、ドイツやフランスのメガバンクも低成長時代のもっとも安全な金融資産として、これらの国の国債を買い漁《あさ》った。そして財政は健全だったスペインでは、安易に借りられるユーロはリゾート団地建設などの不動産バブルを惹き起こした。

そこに2008年のリーマン・ショックが発生した。このショックで銀行マネーが経済に対するアクセルからブレーキに一転するや否や、ギリシャ、ポルトガル、スペイン、イタリア、アイルランドの国家、企業、家計には満期がきた国債やローンというユーロ建ての膨大な負債を返済できるだけの税収や所得がないという事実が表面化した。この債務者の破産はすなわち、彼らに膨大な額のユーロを放漫に貸し込んでいたEUのメガバンクの債務不履行による破産を意味する。しかもEUの銀行にはウォール街が金融派生商品をあれこれ売り込んできたため、負債が負債に幾重にも重なる複雑な構造が生まれており、小国ギリシャの債務不履行によって小さなボルトが外れただけで、国際金融資本の巨大なシステムは積木の城のように跡形もなく瓦壊しかねない。だからEUのエリートは銀行の救済だけを意図して非情できわめて不条理な手段をとっている。満期がきたユーロ建ての国債を返済できないというギリシャなどのいわゆる主権国債務の危機が浮上して以来、ECB、EU当局、IMFはギリシャに何度も緊急のつなぎ融資をしているが、これはギリシャ国民ではなくEUのメガバンクを破産から救うためのものである。ギリシャは負債をさらなる負債で返すよう命じられている。ギリシャはそのうえ返済のための税収を無理やり捻《ひね》り出すことも命じられており、政府支出を極限にまで切り詰め国有財産を切り売りするなど亡国の政策を余儀なくされている。これは緊縮財政とか福祉削減といったレベルのものではなく、健康保険制度の崩壊で薬局にはアスピリンもないという有様である。しかもギリシャ救済のためと称して緊急融資された資金の3分の2は債務の利払いですぐにECBやIMFに戻っている。

8　ギリシャとEUに出口はあるか

ギリシャに脱税、汚職、公務員天国といった問題があるのは事実である。しかしそうした問題がないポルトガルなども同じ主権国債務の危機に見舞われているのだから、問題の根源はやはり負の成長を推進してきたEUの金融資本の破綻なのである。ところが現代人はこの主権国債務の危機が何を意味しているのかを未だに理解していない。

危機が意味しているのは、現代の租税国家は銀行システムのサブシステムにすぎないという事実である。ニクソン声明によって西側各国の通貨は金の裏づけを失って国家の権威がその価値を保証しているだけの法定通貨になった。そしてこれ以後、銀行には国債が最大の金融資産になった。国家は国債を発行して銀行から借財し、国民から徴税した金でこの負債を利子をつけて銀行に返済する。だから銀行にとっては、たんなる紙切れである法定通貨の価値を裏づけているのは国家の徴税能力だった。そして国家の方も銀行が赤字国債を大量に買ってくれることを当てにしていた。経済は低成長でも議会政治家は自分を当選させてくれる集団に対する利権のばらまきをやめるわけにはいかなかったから、その結果生じた財政赤字は国債の増発で埋めるしかなかった。銀行と議会政治家は二人三脚の関係だった。こうして銀行の代理人として国民から徴税することが政府の主要な任務となる一方、国家はそっくり債権者たる銀行の抵当に入ってしまった。ゆえに恐慌で銀行が破綻するとともに、そのサブシステムと化していた租税国家も完全に破産したのである。EUのメガバンクはもう倒産するしかない。それでも銀行がギリシャなどに税収で主権国債務を返済するという不可能事を要求するのは、倒産の日を少しでも先送りするための悪あがきにすぎない。そして日本を含む世界の大半の国はギリシャと同質のこのシステム解体の危機の中にある。

この状況においては、次の選挙でどの政党が政権をとるかといったことはまったく的外れな事柄にすぎない。租税国家にはもう存続するための収入がない。そしてEUの政治家たちが緊縮財政は是か非かなどという空論に耽《ふけ》っている中で、人々は生活防衛のための行動を始めている。現在ギリシャやスペインではユーロ建て預金がどんどん下ろされ、箪笥預金になったりドイツの銀行に移されたりしている。この両国の債務不履行によるユーロ離脱は時間の問題だが、ユーロに代わって旧自国通貨のドラクマやペセタが復活した場合、預金の価値は最大70％も減価すると予測されているからである。

ユーロ離脱の可能性が高い国々ではいつ通貨が変わるかわからないので、人々は支出も投資もせず、納入された品物の代価も払わず、経済は停止状態である。そして資本もEUから逃げ出して安全資産とされる円やスイスフランに流入している。さらにスペインでは領収証を出さない現金決済の闇経済が広まっており、その規模は同国経済の2割に達している。スペイン政府は先に25万円以上の現金取引を法的に禁止したが、闇経済で生活する人が増えている以上、焼け石に水のようである。闇経済が広まれば国家の税収はさらに落ち込む。そしてこの取り付け騒ぎと闇経済は今後EU全体に拡大していく可能性がある。人々の生活防衛のための直接行動によって、中央銀行はもう経済をコントロールできず、租税国家は徐々に消滅するという状況が生まれつつある。これがユーロが推進してきた負債にもとづく負の成長の終幕である。

そして遠からずユーロ圏から脱落し旧自国通貨ドラクマが復活するであろうギリシャの未来は、ローマ・クラブ報告を黙殺してきた世界が行き着く破局の予告編となることだろう。ドラクマはギリシャの貧弱な経済力に見合う価値しかもてないから、ユーロに対し半分以上減価するはずである。普通は通貨が安くなれば商品の輸出には有利になる。しかしオリーブ油など限られた輸出商品しかないギリシャにはドラクマ安の恩恵はなさそうである。それどころか貿易相手国はギリシャにドラクマではなくドルなどのハード・カレンシーによる支払いを要求する可能性が大なので、旧通貨の復活はわざわいになるだろう。ギリシャは原油と多くの食料を輸入している国である。それがユーロの後楯を失い、農業と観光で細々と稼いだ外貨で輸入するしかない事態となれば、原油と食料の輸入が激減することは避けられない。おそらくギリシャは極貧国として国連の援助を必要とすることになるだろう。だが通貨の大幅な減価だけですむならまだいい。銀行が管理してきた通貨秩序は崩壊する。ギリシャ国民自身がドラクマを信認せずドルが闇通貨として流通する。ギリシャの銀行は破産し、ＥＵも見せかけの支援しかしないだろう。そして巨額の債務不履行をしたギリシャは国際債権市場で相手にされなくなるから、外国から資本を導入することもできない。ギリシャは国ぐるみで経済的棄民になる。しかもギリシャを切り捨てればＥＵが安泰になるわけではない。ギリシャの国債とＥＣＢやＥＵ当局がこれまで緊急融資してきた資金を加えれば、その総計は天文学的な額になる。だから小国ギリシャの債務不履行だけでもＥＣＢが破産する恐れがあると言われている。そのうえギリシャの破産はスペインやイタリアにも飛び火する。ユーロの動揺はＥＵの金融資本と経済の全面的破産に帰結する。この可能性が高いからＥＵ当局はその場しのぎの対策で破局の到来を必死に先送りしてきたのである。だが窮地に立つ現状をごまかすトリックも限界にきている。

　ではギリシャやＥＵにこの破局からの出口はあるのだろうか。破局をもたらした張本人である政財官界のエリートや学者には解決策はない。ギリシャでは危機の中で急進左翼政党が台頭しているが、ユーロ圏に留まりながら古めかしい社会主義を実施というその路線はドン・キホーテ的空想と言われても仕方がない。通貨秩序の崩壊は階級闘争で解決する問題ではない。出口は、政治経済システムの破産で追いつめられた庶民が草の根の試行錯誤によって見つけていくほかはない。ニクソン・ショックに始まるグローバリゼーションは国際金融資本の全面的破産に終わるしかなかった。この破産に対する庶民の反応が生活防衛のための取り付け騒ぎと闇経済である。中央銀行は信用創造の能力を失い経済をコントロールできなくなってきており、租税国家は税収を絶たれつつある。経済はカジノではなく人々が生活するというその原点に引き戻されたのである。このゼロ地点から経済におけるデモクラシーを確立するための模索が始まる。ウォール街に始まり世界に広まっている街の公共空間の占拠運動と、そこでの自由な討論は、そうした模索の一環である。

9　キューバに学ぶ

そしてギリシャについて言えば、この国はある程度までキューバに学ぶことができるはずである。ギリシャとキューバはともに人口は1100万人で、農業と観光で細々と外貨を稼いでいる似たような国である。しかし旧ソ連崩壊で後楯を失ったキューバは苦境を何とか乗り切り、その無料の国家的医療制度が揺らぐこともなかった。これはユーロという後楯を失いつつあるギリシャの破局と対照的である。キューバの一党独裁体制は是認できないが、この国が破局を回避できたのは国家の目標が正しかったからだと言うべきだろう。

キューバは先進国的な豊かさを追い求めず、その国力に見合う程度に国民全般の生活水準を少しだけかさ上げすることを課題にしたのである。だから教育や医療は無料でも、ハヴァナの街を走っているのは1950年代の車である。この方針ゆえにキューバは旧ソ連からの安い原油を絶たれても経済は崩壊せず、都市農業の拡大によって食料に加え薬品まで自給することができた。またキューバは旧東欧共産圏に見られたような為政者が権力を誇示するための仰々しいプロジェクトに投資したこともない。ところがギリシャではアテネ・オリンピックの開催もその破産の一因になった（ただしバルカン半島における大国の勢力争いにつねに翻弄されてきたギリシャと島国ゆえにアメリカの経済制裁下でも独立を維持できたキューバの地政学的差異は無視できない）。

もちろんキューバは天国ではない。日本人なら政府による市民の監視と言論の統制、恒常的な物不足と配給の経済には耐えられないだろう。しかしギリシャとキューバの違いで問題になるのは国家体制ではなく、経済の在り方なのである。ＥＵの通貨統合に参加したギリシャは借金による繁栄のツケで亡国の悲運に直面している。これに対し旧ソ連の援助を失ったキューバは、貧しいとはいえ一人の餓死者も出さずに国として存続することができた。東西冷戦期のキューバの位置は中南米唯一の共産国というものだったが、この国が存続できるか否かという問題はもう共産主義イデオロギーには関係がなかった。キューバは原油もなく、アメリカの経済制裁下の貿易で外貨を稼ぐこともできない状況の中で、自給型経済によって生きのびるという実験を強いられたのである。キューバは世界貿易と貿易による経済成長の二つの支柱である原油とドルから閉め出されていた。だから世界貿易とグローバリゼーションに対比して、キューバの実験を歴史的事情によって強いられたローカリゼーションと呼ぶことができるだろう。

ここには不思議な歴史的因縁がある。先述したように世界貿易が誕生する発端となったのはコロンブスの新世界への航海である。そして１４９２年の8月にまずバハマに到達したコロンブスが10月にキューバで金の装身具を身につけた先住民の女性を見かけたことが、後のスペイン人によるアステカとインカの金銀の強奪に途を開いたのである。その意味でグローバリゼーション発生の地と言うべきキューバが現在、世界に先駆けて経済の地域化＝ローカリゼーションを実験する国になっていることは不思議な因縁と言うしかない。

そしてキューバは特異な例ではない。いずれ日本を含むすべての国がキューバと同じ問題に直面するだろう。ピーク・オイルで原油の産出量は逓減していく。それにともない経済は収縮していく。世界貿易も先細りしていく。原油が1バレル200ドルにまで高騰すれば商品の輸送は困難になり、とくに世界貿易の9割を扱う海運業は採算がとれなくなる。そしてエネルギーの危機は、安く豊富な原油を前提にした金融システムの危機を生む。基軸通貨のドルが崩壊すればアメリカがつくりあげたグローバルな貿易システムは解体し、金融資本の破産によって銀行の信用状を介した貿易の決済も容易でなくなる。通貨の信頼性と安定性なしには商取引は成立しない。そして何よりも世界経済危機の下で活発な消費市場が世界的に消滅してしまっている。こうして世界貿易の時代が閉幕すれば、自立した国民経済が再び経済の原則になり、貿易はそれを補完する二次的なものにすぎなくなるだろう。そしてこの国民経済の再生は、今日の変転する事態に振り回されているだけのエリートが果たせる課題ではなく、草の根の人々の生きるための試行錯誤によって実現していくものだろう。しかし着実に成果を上げていくためには、そうした試行錯誤にも一定の戦略的展望が必要である。肝心なのは、グローバリゼーションは完全に破産し、ローカリゼーションの時代が始まったという認識である。

そうした認識がなければ、たとえば脱原発という日本の課題は、太陽光や風力による発電という技術論やエコビジネス論議にすり替えられ、原発のような集中型大容量発電を地域小規模発電に置き換えるという本来の課題が視野の外に置かれてしまうだろう。システムが不安定化し容易に先が見えない状況の中で、ローカリゼーションは草の根の人々にとって導きの糸になる一貫した戦略的展望でなければならない。

注

（1）世界銀行、World development indicators: Exports of goods and services.

第3章　経済学から地理学へ

1　前原発言の二つの問題

環太平洋経済連携協定（TPP）への参加をめぐって日本の世論が大きく揺れた2010年、当時の民主党内閣の前原誠司外相の講演での発言が波紋を呼んだ。TPP参加を強硬に推進する立場からの「GDPの1・5%を占めるにすぎない第1次産業を守るために残りの98・5%が犠牲になってもいいのか」という発言である。これはただちに農業関係者を中心に各方面からの激しい反発と批判を招き、とりわけ「農林漁業の社会や環境への貢献は1・55%といった数字で割り切れるものではない」という反論が目についた。これは当然な反論である。

しかし前原発言に対する反応が、こうした反撃の抗弁に留まったことは惜しいことだった。この発言が惹き起こした波紋は、日本人が「GDP」という言葉が意味するもの、そしてGDPで測られる「経済」なるものについて改めて考えてみる絶好の機会だったからである。前原発言を暴言とみなし、この代議士の単細胞な発想を批判することはたやすい。だが彼は特異な人物ではない。マスメディアは以前から、日本の四半期のGDPは拡大したのかどうか、それは何%拡大したのかといった報道に憂き身をやつしている。そしてそうした報道の受け手の庶民のほうも、このGDP信仰に疑問を感じることはない。ところが前原代議士は、現代人には空気のようなこのGDP信仰から当然出てくる結論を歯に衣着せずに述べてみせた。そして世間は現代人の常識とみなしていたGDPという観念のグロテスクさに仰天したのである。

前原発言の第一の問題点は、これが農を「農業」とみなしていること、現代のさまざまな産業の中の一分野とみなし、さらに基本的に食料の生産を専門とする産業に歪曲していることだろう。後述するように、農業は食料生産を目的とする産業といったものではない。だがそれ以上に問題なのは、この発言が多種多様な産業をGDPに占めるパーセンテージというたんに量的な尺度で比較して、その重要性を評価していることである。そうなると農林漁業の比率は1・5%なのに対して自動車産業は3%だから後者のほうが2倍も重要ということになる。そして商品としても、たとえばキャベツは200円でしか売れないのに乗用車は200万円で売れるのだから、車はキャベツの1万倍の価値があることになる。それならばキャベツの栽培などはやめて乗用車をせっせと生産すればいい、乗用車を輸出して稼いだ外貨で海外からキャベツを輸入すればいいというのが前原理論である。

しかし長年の円高の強みで海外からありとあらゆるものを輸入している日本でも、さすがにキャベツは輸入していない。そして空腹を感じてロールキャベツを食べたくなった人は、その代わりに乗用車を食べることができるのだろうか。経済とは本来、人々の生活のことであるはずだ。そして古典経済学の用語を借りれば、生活はさまざまな物資の使用価値によって成立しているのが現実である。われわれは石鹸を食べることはできないし、野菜で洗濯することもできない。使用価値の世界ではあらゆるものに固有の用途があり、石鹸を野菜で代用することはできない。しかし人々が石鹸や野菜を商店で買うときには、両者は値段のついた商品として交換価値の世界に属している。そして商品の交換価値を決定しているのは目に見えない市場である。だが生活の役に立たない品物は市場の売りものにはならない。どんな安物の石鹸でも一応洗濯には使えるだろう。市場における交換価値はあくまで具体的な生活の場での使用価値を前提にしているのである。そしてかりに石鹸に３００円、野菜に１００円という値段がついているとしても、商店に野菜を三つ持参すれば引き換えに石鹸を売ってもらえるわけではない。値段は市場における商品の需要と供給の目安にすぎず、石鹸×１＝野菜×３という等式が成立しているということではない。

ところが先に見たように、ＧＤＰという観念はこの商品の使用価値という側面を完全に捨象している。それは乗用車1台の価値はキャベツ1万個の価値に等しいから、その用途の質的な違いはどうであれ乗用車はキャベツの1万倍の価値があると考える。そこから、キャベツの栽培などどうでもいいからより価値のある乗用車を少しでも多く生産せよという結論が出てくる。といっても現実には、キャベツを1万個持参すれば引き換えにディーラーが車を売ってくれるわけではない。乗用車1台＝キャベツ1万個という等式は、一つの抽象的な視点なのである。

2　GDPは豊かさの指標ではない

それではなぜこのような非現実的な架空の等式があたかも現実の事柄であるかのようにまかり通り、それがGDPの論理として政治と経済の在り方を左右することになるのであろうか。たしかに常識の世界に住む一般人にとって乗用車1台＝キャベツ1万個の等式は非現実的すぎる。だがわれわれが株のブローカーや銀行の融資担当者だったらどうであろうか。彼らの手元には投資のために自由に使える1億円がある。そして彼らはこの資金をAというキャベツなどを販売する青果会社とBという自動車メーカーのどちらに投資しようか思案する。ここではキャベツと乗用車の違いなどどうでもよく、A社とB社のどちらの株が上昇してより多くの収益をもたらすかだけが問題である。だから企業の儲けだけに目を向ける投資家にとっては、乗用車1台＝キャベツ1万個という等式が完全に成立する。この等式は、投資家がA社とB社の業績を比較考量して投資によって見込まれる将来の収益を計算するための土台になる。この投資という視点からは商品の使用価値は完全に捨象される。

そして毎年四半期ごとに政府が発表するGDPという経済統計は、この株のブローカーや銀行関係者と同じ視角から見た一国の経済の俯瞰図にほかならない。GDPとは、一定期間内にある国で最終製品やサービスの販売によって生じた収益の総計が国家によって公式に認定されたものである。すなわちそれは国内で生じた商取引の規模の大きさ、カネが国内でどれほどぐるぐる回ったかを示す統計である。商取引の規模だけを示す統計なのだから、ＧＤＰは生活の質にはまったく関係がない。たとえば治安の悪化で犯罪による死者が増え棺桶がよく売れるならＧＤＰは拡大する。地域住民の反対で由緒ある建物の解体が中止されることはＧＤＰにはマイナスである。家事労働や家庭菜園で採れた野菜といった商取引の外の経済活動もＧＤＰにカウントされない。浪費的経済による大気や水の汚染、自然の破壊、さまざまな資源の減少や枯渇といった問題もＧＤＰでは見えてこない。

そのうえ経済活動自体の捉え方としてもＧＤＰはおかしい。それは所得と支出、資産と負債をごっちゃにして商取引の拡大という結果にだけ注目する。だからたとえば給与をカットされた会社員がやむをえず銀行から借金して子どもの進学の費用を捻出した場合、これはＧＤＰの拡大になる。この人の家計の負債が増えたことはＧＤＰには現われない。実際、アメリカでは90年代以来所得不足を補うための庶民の家計の負債が増え続け、そのために低所得者向けの銀行住宅ローンが大規模に回収不能になったことがリーマン・ショックの引き金になった。この家計の負債がＧＤＰにカウントされていなかったので、それまでのアメリカ経済はそれなりに成長しているように見えていたのである。ＧＤＰは、それによってむしろ現実の経済が見えなくなる危険なメガネだった。

それではこのＧＤＰというメガネをかけて経済を見ることは、いったい何の役に立つのであろうか。ＧＤＰはたんに何兆何億円といった金額として発表されることはない。それはつねに、前の四半期あるいは前年同期のＧＤＰに比して何％成長したかという形で発表される。肝心なのはＧＤＰそれ自体の大きさではなく、ＧＤＰを尺度として測られる経済の成長率なのである。ではＧＤＰを尺度として一国の経済の量的な拡大や縮小を測ることにはどんな意味があるのだろうか。この問いに答えるためには、ＧＤＰという言葉の歴史を振り返る必要がある。

ＧＮＰやＧＤＰという経済統計の手法は、１９３４年に大恐慌のさなかのアメリカで、ロシア生まれの経済学者サイモン・クズネッツによって開発された。この当時までアメリカ政府は株式相場や輸送された貨物の量といった限られた指標で経済状況を把握していて、国民経済全体の統計学的に信頼できる俯瞰図がなかったのである。ＧＤＰという経済統計のおかげで経済全体の状況をより容易に把握できるようになった政府は、その経済政策の効果を従来よりはるかに正確に評価できるようになった。ローズヴェルト政権のニューディール政策の下で政府の臨時赤字支出による恐慌からの脱却を図っていたアメリカ政府にとって、これはきわめて重要なことだった。そして続く第2次世界大戦では、国民を総動員して総力戦を遂行するための資源と資金の適切な配分という問題に対処するうえで、ＧＤＰという手法は決定的な役割を果たした。

しかしＧＤＰが意味しているのは、たんなる経済統計の手法の進歩や近代化ではない。クズネッツがこの手法を開発した背景には、アメリカ社会の巨大な変化があった。19世紀のアメリカのように、人口の多くが自営農民や個人商店主であり、大企業は鉄道事業などに数えるほどしかなく銀行の多くも取り付け騒ぎで簡単に潰れるような地域銀行といった社会では、ＧＤＰの統計など初めから不可能だったろう。しかし１９３０年代までにアメリカにおける富と権力の集中が進行していた。そして大恐慌の発生自体、富と権力の極度な集中がその大きな要因になっていた。

南北戦争以後アメリカの連邦制は空洞化し連邦政府の権限は拡大する一方だった。そしてニューディールの福祉政策の下でますます多くの人々が政府の政策によって生活を左右されるようになった。19世紀には乱立する銀行が経済を混乱させたが、１９１３年には銀行業界のカルテルを代表する連邦準備銀行（ＦＲＢ）が設立され、その政策が経済を一元的に動かすことになった。そして第１次大戦への参戦を機にアメリカは大企業の国に変貌し、自営業者ではなく給与生活者がアメリカ国民を代表するようになった。こうしてアメリカは、ホワイト・ハウス、ウォール街、そしてジェネラル・モーターズのような巨大企業が国民の生活を隈なく取り仕切る国になっていった。旧ソ連の国家社会主義とは異なるが、富と権力の集中が生んだエリートが国家の管制高地を押さえて社会に途方もない影響力を及ぼすという形でアメリカは中央集権化したのである。この中央集権化、経済の官僚制化のゆえに、エリートの失敗はただちに30年代大恐慌という国民経済の全面的な破綻につながった。クズネッツによるＧＤＰの開発はこの中央集権化を反映したものであると同時に、エリートによる経済の制御を容易にして中央集権化に起因する破綻を回避するためのものでもあった。

１９３０年代はまた英国のケインズが、そのマクロ経済学によって、個々人の自由な商行為をモデルにしていた従来の経済学を一新した時代でもあった。ＧＤＰの観念と同じくマクロ経済学は、20世紀の資本主義は高度に組織された資本主義であることを示していた。それは一国の経済を国民所得、投資、失業率といった基本的諸要素に分け、それらの集計量を変数とする分析によって経済の動きを把握し政府の経済政策に示唆を与えようとする。GDPは当然マクロの経済学には願ってもない分析の道具になった。

そしてケインズがマクロ経済学を創始した背景には、資本主義的工業経済の構造的欠陥という問題がある。まず第一に、19世紀末以降資本主義がマルクスの謂《い》う機械制大工業の時代に入ると、企業会計において減価償却や新規の設備投資に充てられる部分が急速に拡大していく。その一方、勤労者の賃金給与に充てられる部分は相対的に縮少していく。しかし前述したように、この勤労者だけが企業が生産する商品を購入し消費するのである。この問題ゆえに高度に工業化した資本主義の下では企業は過剰生産、勤労者は所得不足に苦しむことになり、それは失業、倒産、恐慌に行き着く。もう一つの問題は前章で述べた経済の金融化である。企業の継続的な巨額の設備投資は銀行の融資なしにはありえない。その結果、平均して商品の最終価格の2分の1が直接間接に銀行への利払いということにもなる。そして銀行に対する利子のついた負債は容易に経済のアクセルからブレーキに一変し、最後には恐慌と呼ばれる大負債デフレが発生する。マクロ経済学を創始したケインズは当時ヨーロッパに深刻な政情不安をもたらしていた大量失業を憂慮していた。

出発点においてマクロ経済学は、資本主義はその構造的欠陥のゆえに簡単に崩壊しかねないという認識に立った危機の経済学だった。マクロ経済学の視点からすると、労働者の激しいストライキより大量失業、不完全雇用のほうが経済に致命的な打撃を与える。なぜなら近代経済は高度に発達した信用経済だからである。この経済の90％以上は銀行信用で動いており、銀行に負債を返済する義務によって経済が成立している。これも前述したように人々が商店のレジで支払いに使うようなカネは通貨全体の数％を占めるにすぎない。そして失業者が増えて有効需要（勤労者の所得＝購買力に裏打ちされた需要）が減少すると企業の過剰生産の問題が深刻になり、企業の銀行に対する債務が焦げついたり新規投資の見送りで銀行が貸し出す資金に対する需要がなくなったりする。そうなると負債を返済する義務によって成立している経済は機能しなくなり、負債デフレの形で銀行信用にもとづく経済循環は麻痺状態に陥ってしまう。そしてケインズ自身は、この負債デフレの状態を打開するには政府があえて赤字支出で各種の公共事業を実施して政治的に上から有効需要を創り出すしかないと考えた。20世紀の組織された資本主義はその構造的欠陥のゆえに政府の介入や調整なしには存続できない資本主義だった。

そしてここに、政府が四半期ごとにGDPを尺度にした経済の成長率を発表し、マスメディアがそれを国家の死活問題として報道する理由がある。ケインズは政府の赤字支出を30年代大恐慌に対処するための臨時的措置として論じたにすぎなかった。しかし戦後のアメリカをはじめとする西側諸国では、こうした政府に管理された資本主義が経済の常態になってしまった。というのも企業会計の構造に起因する企業の過剰生産と消費者の所得不足および経済を窒息させる銀行マネーの問題は解決されなかったからである。組織された資本主義につきまとう有効需要の不足という問題は、政府支出によって政策的に解決されるしかなかった。

そして戦後のアメリカのケインズ主義は三つの戦略として制度化された。まず第一は、軍産複合体に代表される経済の軍事化である。東西冷戦を演出し〝ソ連の脅威〟を煽り立てれば軍需という需要はいくらでも創り出せる。第二に、ニューディール以来の社会保障政策の拡大である。失業は恐慌の導火線になりうるのだから社会保障によってその増大を食い止めねばならない。福祉国家の課題は有効需要の下支えによる経済の安定であり、福祉自体はその目的ではない。だから経済が深く低迷すれば福祉政策はさっさと切り捨てられる。そして第三は、ブレトン＝ウッズ体制によるグローバルな貿易市場の構築である。金1オンスを35ドルとし、このドルを尺度に世界の為替相場を固定することによって、アメリカは商品を安定した価格で取り引きできる世界貿易の市場を創り出した。この体制を維持するためにはアメリカは各国との貿易で赤字を出して世界にドルをばらまく必要があったが、これもケインズ的政府支出とみなすことができる。こうした戦略が可能だったのは政府支出を上回って経済がどんどん拡大していったからだが、言うまでもなく、その背景には当時は安く豊富だった石油という魔法の資源のエネルギー収支のよさがあった。

こうして見ると、GDPで測られる経済成長とは何を意味しているのかがあらためてはっきりしてくる。今日の経済はつねに恐慌の影に追いかけられている経済である。この経済ではいつ商品が売れなくなって銀行信用にもとづく経済循環が中断され経済活動がすべて停止してしまうかもわからない。これは走り続けていないと倒れてしまう自転車操業の経済であり、企業が何とか銀行に利子をつけて負債を返しても利益が残る程度の儲けが出ていないと経済はただちに停止状態になってしまう。

ここでは経済は拡大するか全面的に破綻するかであり、経済は恐慌の影に追いつかれないように必死で走り続けるしかない。この前方への逃走が、経済の「発展」や「成長」と呼ばれているのである。だからＧＤＰの成長は、国民の豊かさ、福祉、幸福とはいっさい関係がない。それは、現代経済の構造的な欠陥や矛盾にもかかわらず庶民が細々と商品を買い、企業が何とか利益を得た結果として、一国内で通貨がぐるぐる回った度合いを示すものにすぎない。経済の成長は経済が停止を免れたことを意味しているだけである。だからＧＤＰは豊かさの指標どころか一種の災害警報とみなしたほうがいい。ＧＤＰが７％から２％に低下したとすれば、それは経済活動が恐慌という停止状態に近づいたということである。

そして２００８年のリーマン・ショック以後各国のＧＤＰが低迷しているのは当然だが、アメリカ国民の６人に１人が政府支給の食料切符で生きのびているといった危機の実情からすると、２～３％の成長などという数字には首をかしげざるをえない。90年代以降各国の政府統計はますますプロパガンダに堕してきており、インフレによる物価の上昇をＧＤＰの増大にカウントするといった詐欺行為も行なわれている。とにかくＧＤＰは経済の規模の指標にすぎず、資本主義が脆弱で不安定な経済システムであることを物語っているだけである。だから農林漁業が日本のＧＤＰに占める比率はその国民生活への貢献とは何の関係もない。ＧＤＰで経済を評価することは人間を身長と体重で評価するような馬鹿げたことである。そして企業、家計、国家の負債をマイナスとしてカウントしていたならば、各国のＧＤＰはとうの昔に途方もないマイナス成長になっていたはずなのである。

3　資本主義とは土地と労働の資本への従属

「資本主義とは何か」という問いに対してはすでにさまざまな見解が存在するが、経済的事実として見れば資本主義はきわめて単純な事柄である。それは資本・土地・労働という生産の三要素のうち、土地と労働が資本の必要にほぼ完全に従属している事態を意味している。資本主義が存在する到るところで、土地は宅地や農地のような不動産あるいは開発可能な資源に還元される。そして人々が伝統的に「しごと」と呼んできたものは「労働」に還元される。

労働とは一定の時間内に一定の熱量を支出することによって遂行される基本的に計測可能な作業量として定義される。腕のいい職人が工芸品を丹念に仕上げる作業は質に関わる「しごと」だが、流れ作業の現場でネジを締める部署に属することは量的な「労働」である。したがって労働を原理的に機械によって代替しオートメ化することが可能な作業と定義することもできよう。実際、今日では情報技術の発達によっていわゆる精神労働さえ急速にオートメ化されてきている。そして先に述べた現代の工業経済の構造的欠陥は、この資本の労働に対する優越の必然的な産物なのである。資本主義の下では、勤労者は企業の生産設備に従属し、企業は巨大な資金を動かす銀行に従属せざるをえない。そして長期的にはこの従属の構造が資本主義を破綻させる。資本に対する労働の従属は有効需要の不足による恐慌を発生させ、資本に対する土地の従属は環境破壊、資源の枯渇、地球温暖化といった問題に行き着く。この資本に対する土地と労働の従属という意味での「資本主義」は歴然たる事実、解決さるべき問題であり、かつて党派のイデオロギー用語としてスローガンに使われた「資本主義」と混同されてはならない。

経済学者が「経済」について語るときには、ケインズ派、マネタリスト、オーストリア派など学派の違いはどうであれ、つねにこの資本に土地と労働が従属した事態が「経済」とされている。この事態は彼らにとっては空気のように自明なもの、万人の常識、経済を論じる際の当然の大前提である。土地と労働（人間）に逆に資本が従属しているような事態は彼らには想像もつかない。だから経済学者は資本主義にいろいろ問題があることは認めても、そのシステムとしての構造的欠陥という問題に迫ることができない。その結果、経済学は宙に浮いた独善的なドグマにすぎなくなる。そして経済学の常識は歴史による検証に耐えられない。

歴史的に見れば、資本に対する土地と労働の従属は近代世界においてだけ生じた異常事態なのである。古代にせよ中世にせよ、近代以前の世界においては土地と労働はつねに人間が一定の共同体の成員であることに結びついていた。そしてこの結びつきは、神道の地鎮祭に見られるように宗教の形をとって表現されることが多かった。人間と土地との関係は深く内面的なものでもあった。古代ユダヤ教はその端的な例である。古代ユダヤ教では、乳と蜜の流れる約束の地パレスチナは神の測り知れない恩恵によってヘブライ人に与えられたとされている。そして彼らは神の律法に忠実であることによってのみ約束の地に住まうことを許されるのであり、神の掟に背けばそこから追放される運命にある。他方古代ギリシャでは、ポリスに住まうことは都市の法を遵守し市民の義務を誠実に果たすことを意味し、義務に背いた者は陶片追放によって都市から追放された。市民権のない奴隷は財産があっても名誉のない人間だった。

そして近代以前の人々にとって「しごと」は共同体の成員としての義務であり、その名誉ある成員となるための人格的な作業のことだった。紀元前7世紀のギリシャの詩人ヘシオドスはその教訓詩「仕事と日々」の中でゼウスの正義を讃え、領主を買収した不正な裁判で自分の遺産を横領しようとした怠け者の弟ペルセスを諫めている。日々の篤実な仕事だけが人間を共同体の名誉ある成員にするのである。この共同体の成員の名誉ある義務としての仕事や生業は、中世ヨーロッパのギルドを支えたものでもあった。もちろん近代以前の世界を感傷的な郷愁によって美化してはならない。だが古代や中世の世界を近代人に独特の偏見によって不当に貶《おとし》めることも同様に許されてはならない。

経済学者の問題は、19世紀の産業革命が確立した価値観を彼らが絶対視していることにある。マルクス主義者も含めて経済学者はすべて産業革命の解説者にほかならず、彼らは歴史を産業革命の以前と以後に分ける。その産業主義的偏見のゆえに彼らは産業革命を暗黒から光明への進歩や解放とみなし、それ以前の時代を人類が貧困に苦しみ無知と偏見に呪われていた時代にしてしまう。たしかに古代の奴隷制、中世の領主の暴力、昔の非科学的で迷信じみた医術を評価することはできない。そして初期の産業革命が庶民を基本的な衣食住にも事欠く貧困から解放したのも事実である。しかし産業主義的な価値観を絶対視するとき、近代人はきわめて危険で有害な偏見にはまり込んでいる。産業革命は、人類を社会が存続するためには不可欠な価値からも〝解放〟してしまったのではないだろうか。近代の工業社会はエネルギーを崇拝する社会である。とすれば封建制からの近代人の解放なるものは、自由、人権、民主主義といった美辞麗句で飾られているが、実際にはエネルギーの消費に対するブレーキが外れたことを意味しているのではないか。近代以前の世界にどんな問題があったにせよ、その世界では伝統、連続性、保全、安定、そして行きすぎた行為の抑制に重要な価値が認められていた。物理学の用語を借りれば、そこでは文明社会の要はエントロピーの抑制にあることを誰もが心得ていたのである。

4　資本の力を飛躍的に増幅させた科学的知識

それでは資本に対する土地と労働の従属という歴史的に異常な事態はどのようにして生じたのであろうか。その発端はやはりコロンブスの航海である。コロンブスはたんなる冒険心で西の海に出航したのではなかった。彼の生国のイタリアではルネサンスによって古代ギリシャの科学が復活し、天文学や地理学の研究も盛んになった。西への航海を準備するにあたって彼は、そうした学問を学んだだけでなく、地球球体説を唱えるフィレンツェの学者トスカネルリの助言も受けていた。彼の航海計画は科学の知識に依拠していた。だが航海の目的は、マルコ・ポーロが伝えた黄金の国ジパングで金を入手するというあくまで商業的なものであり、科学は利得の手段にすぎなかった。コロンブスの航海はこうして、科学の成果がビジネスに応用された史上最初の例だったのである。

これを発端として近代世界においては科学的知識が資本の力を飛躍的に増幅させ、資本という要素の土地と労働に対する優位は決定的になった。「知は力なり」という17世紀英国の哲学者フランシス・ベーコンの言葉は資本主義の定礎になった。しかしながら歴史的に見れば、科学と資本主義のこのような結びつきに必然性はない。西洋における自然科学の揺籃の地だった古代ギリシャはアルキメデスのような天才を生みながら資本主義を発展させず、科学の研究ではヨーロッパよりはるかに先進的だった中世のイスラム社会も資本主義には無縁だった。近代ヨーロッパにおける科学と資本主義の結びつきにはキリスト教の宇宙論が絡んでいるのだが、ここではその問題には立ち入らない。

コロンブスの航海を歴史の転機にしたもう一つの要因は、それが大洋を横断して二つの大陸を結びつけた遠距離航海だったことにあった。海上交易の歴史は人類の歴史とともに古いが、長らくそれは各地の貿易拠点を巡回する沿岸航海によるものだった。古代の地中海世界におけるフェニキア人の交易はその典型であり、その後継者となった中世のイスラムのアラビアとインドや東南アジアをダウ船で往復するインド洋貿易も、沿海型交易を大規模にしたものだった。こうした海上交易は、自給型の地域経済に異国的な産物や奢侈品を間欠的、周辺的にもたらしたにすぎない伝統的貿易の一環だったのである。そこでは航行の自由という海の論理は、ローカルで伝統的な文化、政治秩序、生活様式という陸の論理に従属していた。しかし大洋を横断し二つの大陸を一気に結びつけたコロンブスの航海は、大地が課すさまざまな制約から解放されたグローバルな海上貿易を生み出した。こうした海上貿易が可能であるかぎり、資本を所有する者は世界各地に点在する資源を自由自在に組み合わせ、資本を最大限の効率で使用することができる。

その代表的な例が18世紀に英国が従事した三角貿易である。この貿易では、まずヨーロッパからアフリカにラム酒や装身具、武器などを運んで黒人奴隷を買いつけ、彼らをカリブ海のプランテーションに運んで砂糖を生産させ、それをヨーロッパで販売してアフリカで奴隷と交換するための商品を仕入れた。この濡れ手で粟の三角貿易で蓄積された資本が産業革命を可能にした。こうしてグローバルな海上貿易の下で、世界各地の多種多様な地域とそれが育くんだ文化のローカルな個性は無視され、地球は資本の視点から資源の所在地の意味しかもたない「地点」にされてしまう。資本はこうした地点を効率よく組み合わせることにしか関心がない。

この資本の関心を露骨に示しているのが、われわれが見慣れているメルカトール図法の世界地図である。周知のようにこの地図では実際よりロシアが大きく中国が小さく図示されており、地理学的には不正確な地図である。だがこの不正確さは問題にされない。というのもメルカトール図法は、遠く離れた目的地に到達するための直線の最短航路を見つけるために開発された図法だからである。資本の視点にとっては、この二次元のヴァーチャルな図のほうが実在する複雑精妙な地理の世界より現実的なのである。それゆえに近代世界においては、現実の生活がＧＤＰで測られる抽象的な「経済」に還元されるに先立って、豊かな地理的環境の二次元の地図への還元があったと言うべきだろう。そして現実を抽象に蒸発させる資本の視点は地図にもとづいて作戦計画を立てる軍人の視点に似ていることにも注意すべきだろう。こうしてグローバルな海上貿易を条件として大地の制約から解放された資本の力は全能になり、地域と地域に根差した文化の個性は否定されて、たんなる生産要素としての土地と労働に還元されてしまった。そして資本の力を科学的知識と海上貿易が増幅させているかぎり、この土地と労働は資本に従属した生産要素にすぎない。

5　輸送の文明としての近代文明

コロンブス以来、近代文明は本質的に輸送の文明である。近代文明はそれ以前の文明と対比して工業、科学技術、抑制なき消費の物質主義などを特徴とする文明として定義されうる。しかしどんな定義も商品や人員の迅速な大量輸送を前提にしている。たとえば中東の石油のパイプラインとタンカーによる大量輸送なしには工業も科学技術も消費社会もありえないだろう。そしてこの輸送の文明は、コロンブスに続いてヨーロッパ人が七つの海を制覇した海運の文明として幕を開けたのである。しかし16世紀以後の世界におけるヨーロッパ人の海運における圧倒的優位は、その造船や航海術の技術的先進性ゆえに生じたものではなかった。

その点で興味深いのは、1492年のコロンブスの航海に先立つ明のイスラム系宦官《かんがん》の高官、鄭和による1405年に始まり7回にわたった帝政中国の遠洋航海である。これは全長130m以上の巨船62隻を連ね2万人以上が乗り組んだ大船団による航海で、その寄港地は東南アジア、インドからアラビア半島、アフリカ東海岸までに及んだ。この鄭和の船団の威容に比べれば中古の小型帆船3隻からなるコロンブスの船団はみすぼらしいものだった。しかしこのような高度の遠洋航海の能力がありながら、帝政中国は海洋の支配に関心を示すことがなかった。中国とヨーロッパの国家体制の違いのゆえに、帝国の高官鄭和は政治的な動機によって、商人コロンブスは経済的な動機によって未知の海に乗り出した。鄭和の航海の目的は、おそらく皇帝の威光を四方に拡げ未知の土地の珍奇な産物を中国に持ち帰って、皇帝の威信を高めるというプロパガンダにあった。その成果の一つはアフリカからキリンを運んできたことだった。これに対しコロンブスの目的はひとえにジパングに到達して金を入手することにあった。もっとも彼の航海も、スペイン王室の承認と資金援助の下に実現したという点では、鄭和の航海と同様に国家事業として行なわれたものだった。だから海洋に対する中国とヨーロッパの姿勢の違いをもたらしたのは、やはり国家体制の違いなのである。

古代以来中国は基本的に皇帝が専制的に統治する大陸国家だった。これと対照的に、ヨーロッパでは以前から限られた土地に多種多様な国家がひしめき合い、勢力争いを演じていた。そして宗教戦争によって等しくローマ教皇の指導に服するキリスト教世界という観念が消滅するにともない、ヨーロッパの統一性は完全に失われ、諸国家の覇権争いに歯止めがなくなってしまった。この争いでは、海洋商業を効率よく組織して海外で収奪した富で国富を増大させた国が勝者になった。ヨーロッパ人を海洋の支配に向かわせたのは、宗教戦争から生じた激烈な国家間競争だった。

6　資本主義は本来グローバルな性格をもっていた

科学的知識と長距離海運が資本の土地と労働に対する優位を確立した。しかしこれらは資本主義の発展の必要条件ではあっても十分条件ではない。資本主義はまず二つの大陸を結ぶ大西洋経済として発展したが、それはこの経済があり余るほどの一獲千金の投資機会を意味していたからである。それはリスクが小さく費用は安いのに異常に収益が大きい投資だった。それというのも、ヨーロッパ人は小さなリスクと安い費用でアメリカ大陸をそっくり手に入れたからである。外来者が持ち込んだ武器や病原菌に対して先住民がまったく無防備な広大で資源に富む大陸を、ヨーロッパ人がタナボタ同然に手に入れるという偶然がなければ、資本主義の発展はありえなかった。ヨーロッパ人が接触したのが未開社会ではなく異なる文明社会だったなら、貿易の対価は高くなり、儲け話は期待できなかったろう。

そして実際、英国は中国との貿易で儲けるどころか大赤字を出したのである。英国では18世紀以降、茶を飲む習慣が国民の間に定着し、中国産の茶は生活必需品になった。だが英国には大量に輸入される茶の見返りに中国に輸出する商品がなかった。生活様式がまったく異なるために英国製の商品の中に中国が欲しいものはなかった。そのために英国は金銀と引き換えに中国茶を買わざるをえず、海外での収奪で蓄積した貴重な金銀がどんどん中国に流出していた。そこで英国は中国人の間にアヘンを吸う習慣を定着させることでインド産のアヘンを輸出する策を思いついたが、その結果何が生じたかは言うまでもない。そして19世紀中葉のアヘン戦争は、この時期に到るまで欧米人が日本や中国のような政治的にしっかり組織された文明社会に干渉することは困難だったことを示している。そうした干渉が可能になるためには、ペリーの黒船が象徴するように、産業革命による軍事力の近代化が必要だった。

われわれがグローバリゼーションという言葉を聞くようになったのはかなり最近のことである。しかし地域と地域的文化の制約から解放されることがその発展の必須の条件だったのだから、資本主義は本来グローバルな性格をもっていたと言わねばならない。アフリカ西岸―カリブ海の西インド諸島―英本国をつないだ18世紀の三角貿易はまさにそうしたグローバルな貿易だった。それは地域の自給型経済を周辺的に補完したにすぎない伝統的貿易と異なり、全地球的規模で資本に土地と労働を従属させ資本を最大限に効率的に使おうとする経済活動だった。

7　ホッブズとロック
――人間を経済人（ホモ・エコノミクス）とする政治哲学

そして注目すべきは、この経済のグローバル化が政治哲学のグローバル化をともなったことである。政治（ポリティックス）という言葉が古代ギリシャのポリスに由来していることが示すように、ヨーロッパの伝統的な政治哲学はつねに、人間を都市（キヴィタス）に定住し都市の法が定めた権利と義務に忠実な市民とみなした。中世に神の掟が都市の法にとって替わってもこの伝統は揺るがなかった。しかし16世紀に入ると宗教戦争が惹き起こした思想全般の危機、そして大航海時代にヨーロッパ人が世界各地で未知の異質な文化や習俗に出会ったことが、この伝統を掘り崩した。

そして17世紀には海洋商業国家として興隆しつつあった英国で従来の市民に代わる新しい人間観が登場し、それが以後の近代世界の政治経済思想の基調を決定することになった。それは人間を経済人（ホモ・エコノミクス）とする政治哲学だった。経済人は自己の利益を行動の原則とする点で利己的で、どんな機会にも万事を効用の最大化と費用の最小化の視点で判断する点で理性的であり、消費者としては快楽と快適さを、生産者としては利益を追求する。この経済人という新しい人間観は『リヴァイアサン』の著者トマス・ホッブズ、『統治論』の著者ジョン・ロックという2人の政治哲学者によって自由主義の哲学として定式化された。

ホッブズによれば、宗教戦争によってローマ教会の普遍的権威が崩壊したヨーロッパの問題は、個人が物事の善悪を勝手に判断するようになったので理想的な国家秩序をめぐる争論が絶えないことにあった。それゆえに彼は誰も否定できない確固たる物質的現実に基礎を置く政治理論によって国家の安定と統一を保証しようとした。そのためにはキリスト教の宗教的な人間観とは完全に縁を切ることが必要である。そして人間に関して誰も否定できない事実は、自己保存の欲求である。しかし人間にとっては、これはたんなる生物学的欲求ではなく自己愛であり、この自己愛は地位や名声において他人に限りなく優越した存在でありたいという情念に発展する。そしてこの情念によって人間は外部から加えられた衝撃や圧力によって動く物体に似た存在になる。情念に駆られた諸個人が争い合う人間の社会は、無数の物体がでたらめに動いて衝突し合う物理的宇宙に似たものである。これが「万人の万人に対する争い」を特徴とする社会の自然状態である。

この状態は弱肉強食のジャングルですらない。弱者でも寝込みを襲えば強者を殺すことができる以上、人間はみな潜在的に殺人者だからである。国家の存在理由は、この自然状態に理性にもとづく秩序をもたらすことにある。だが理性的秩序とはキリスト教会が説いていたような道徳的理想にもとづく空論的秩序のことではない。「人は互いに狼である」ような社会において問題になるのは、正義の理想ではなく、他人によって危害を加えられる危険であり、他人の脅威によって自分の行動の自由が制約される恐れである。この社会が解決すべき問題は、他人が自分の動きにどう対応してくるか予測できないという人々の振舞いの予見不可能性なのである。

この問題に対するホッブズの答えは、人々が物事の善悪を判断する権利を国家という主権者に全面的に委譲することである。主権者は善悪を判断する権利を独占し、その決定に対する異議や異論をいっさい認めない。だが主権者はその決定を暴力によって人々に強要するのではない。人々は主権者に善悪を判断する権利を全面的に委譲した方が社会が安定し他人の行為の予見不可能性が減少するという理性的洞察にもとづいて、権利の委譲に同意したのである。この自発的同意と引き換えに、主権者は社会の平和と安寧を保証する。だからこの国家は主権者と人民の社会契約にもとづき人民の同意の上に成立している国家である。

ホッブズは主権者の至上の権威を主張したために専制政治やファッショ的全体主義を擁護したと誤解されることが多かった。しかし専制政治の恣意的な支配こそ彼の敵だった。彼の国家論は交通法規を例にとるとわかりやすくなる。道路上での交通事故を減らすためにはたとえば左側走行といった交通法規が必要となる。そして交通警察が左側走行を絶対的な原則とし、違反した車の運転者を処罰することが、結果的に運転者自身の安全を保証することになる。ホッブズの国家は権威主義的ではなく、この交通警察に似た国家である。そしてこの国家論が成立するのは、彼が善悪という言葉の意味を換骨奪胎しているからである。彼の議論では善悪にモラルの要素はなく、この言葉は経済的物質的な安全と安寧を意味するものに変質している。この点でホッブズはまさしく自由主義の先駆者なのである。

8　ロックの自由主義は今もなおアメリカの国家哲学

一方ロックもホッブズと同じように個人の自己保存の欲求から出発して社会契約にもとづき人民の同意によって成立する国家を論じた。ただしホッブズの議論の中心が生命と地位の安全にあったのに対して、ロックの関心は投資によって新たに獲得された財産を保全する権利を伝統的権利論に依拠せずに確立することに集中していた。ロックにとって国家は既存の財産秩序を保全するという伝統的使命に加えて新たに獲得した財産を保護するべきであり、これを条件として人民は政府の設立に同意する。

ロックの国家論の原理はたんなる所有ではなく獲得された所有である。そしてこの立場から彼は、英国王チャールズ２世やジェームズ２世の絶対王制を理性と自然の法の名で攻撃すると同時に自分の意図に対立する伝統的自然法を論駁するという、二重の戦略に訴える。神はアダムの継承者である王に国家と人民を私有する権利を与えたとする王権神授説は、理性と自然の法に反する。というのも自然状態においては、人々は理性の法によって自由で平等であり、自然の恵みを等しく享受する権利を有しているからである。だがそう論じると、新たに獲得された富の排他的所有を正当化することが困難になる。なぜならば伝統的自然法によれば神は大地の恵みを全人類に共有財産として等しく頒《わ》かち合えたのであり、その独占的排他的な所有は許されないからである。これでは自然法はロックの足枷になる。

そこで彼は労働による価値の創造という議論を持ち出す。自己保存が人間の根本的な欲求であるのは、個人はその生命と身体の所有者だからである。そして人間が身体を使って労働し労働と自然の事物を混ぜるならば、生産されたものは身体の延長として彼の排他的な所有物になる。この労働にもとづく所有権は共同体とその伝統による承認を必要としない。ただし自然の恵みは神が全人類に与えた共同財産でもある以上、個人が自分が必要とする以上の農産物をつくって溜め込み、無駄に腐らせてしまった場合には、彼の所有は正当化されない。しかし彼が生産物を売って貨幣に換えるならば、貨幣は腐ることがないのだから富の限りない蓄積が許される。

そのうえ神は人類に大地を与えた際に、それを開墾して豊かにすることを命じ給われたのだから、土地を未開墾や荒れ果てた状態のままにしておくことは神命に背くことである。ゆえに土地を開発して新たな富を獲得する権利は神と自然法にもとづく自然権である。そして自然状態では社会に危害を及ぼす者を人々が勝手に裁いて社会が混乱する恐れがあるから、人民は立法権を国家に委ねて所有の保全を図るべきである。そしてロックは『統治論』の中で、アメリカに植民して勤勉な労働で富を生産する英国人と現地の怠惰なアメリカ・インディアンを比較している。労働だけが富をつくり出す。

「このことを証明するものとして、土地は豊富にもちながら、生活を快適にするためのものはすべてにおいて乏しい、アメリカ人のうちいくつかの民族ほど、明瞭な例を提供するものはありえないであろう。彼らは自然から豊かな資源、すなわち食物、衣服、および生活に喜びを与えるに役立つものを豊富に生産するに適した実り多い土壌を、他のどの国民にくらべても負けないほど惜しみなく供給されておりながら、しかもそれを労働によって改良する点に欠けていたため、われわれが享受する衣食住の便の百分の一の便ももっていない。そして大きくて実り多い領土をもつ国王が、そこではイギリスの日雇労働者よりも粗末な衣食住の状態にあるのである(1)」

ロックはブルジョアの投資家で自ら土地の開墾に従事したことはない。彼が労働を引き合いに出すのはたんに排他的所有を正当化するためであり、しかもそれは英国人がアメリカ・インディアンを駆逐して占拠した土地によって獲得した歴史的に特殊な所有だった。彼の政治哲学の課題は、英国からの侵略者による北米大陸の資源の開発を正当化することにあった。だからこそロックの自由主義は今もなおアメリカ合衆国の国家哲学なのである。

9　経済のグローバル化と思想のグローバル化

ホッブズとロックの政治哲学に共通しているのは、二人とも国家の安定した秩序について論じながら人間の同胞意識についていっさい言及しない点である。同胞意識の存在は否定されているのではなく完全に考慮の外に置かれている。しかし人間にとって同胞意識ほど自然なものはない。それはまず幼児期に家族の中で生まれ、幼少年期に遊び仲間や学校の中で成長し、生まれ故郷の人々や生国の国民全体にまで拡大し拡散していく。幼児が自他が心理的に未分化な時期に母国語を習得することが、おそらく同胞意識の起点だろう。幼児は言語の習得とともに感情を発達させるが、これは周囲の人々に同胞として感情移入することなしにはありえない。それゆえに近代世界においては、民族国家という言語共同体が人間が他者を同胞と感じることができる限界である。これは人間の認知能力の自然な限界という問題であり、愛国主義や排除的民族主義といったイデオロギーとは関係がない。そしてこの認知能力の限界ゆえに、人間は母国語を異にする外国人を同胞と感じることができない。外国人は必ずしも敵ではないし興味を惹く異質な存在でもありうるが、けっして同胞ではない。言語の違いは幼児期以来の生育環境や感情が発達した様式の違いも意味しているからである。そして同じ言語共同体の内部においては教育によって同胞意識を強化することも可能だが、言語が違う外国人との懸隔を教育によって埋めることはできない。したがって外国人との関係は同胞感情が入り込む余地のないまったく外交的な関係、ビジネスライクな物質的利害か暴力や圧力などの力に左右されることになる。国際社会とは取引や駆け引きないしは力の張り合いの社会である。

この点で国際社会の現実は、ホッブズが描き出したすべての人間が物体として力学的に運動し衝突し合う物理的宇宙としての社会の像に重なる。国際社会においては人は感情を交えずに外国人と向き合って取引や駆け引きに専念し、ひたすら自分の利害と力を増進させようとする。こうしてホッブズとロックの利己的、打算的で感情のない「経済人」（ホモ・エコノミクス）が誕生する。彼らの政治哲学は、当時の英国が海洋商業国として経済をグローバル化させ、海外で収奪された富によって国富を飛躍的に増大させつつあった状況を反映している。英国の経済発展の重心が海外に移るにつれ、国際関係の中で成立した経済人という行動規範は国内に反作用し、彼らの哲学によって英国人の一般的な行動規範とされた。今や人々は国内においても利己的で打算的な経済人として振舞うようになった。経済のグローバル化は思想のグローバル化をともなったのである。

10　グローバル資本主義と国民経済の時代

先述したように、資本主義は本来グローバルな性格をもつ。この認識は、資本主義からの脱却とは何を意味するのかを考える上でもきわめて重要である。ところがかなり最近まで資本主義は国民経済のナショナルな在り方と考えられてきた。その原因は、産業革命以後の1世紀間、資本主義が外見上はそれまでのグローバル化の傾向を逆転させるような形で発展したことにある。

周知のように産業革命はまず衣料のような庶民の生活必需品の機械による大量生産から始まった。産業革命の代表的成果である鉄道網も国民経済の創出と統合に大きな役割を果たした。機械による大量生産を儲けの多いビジネスにさせたのは、人口の増大に裏打ちされた生活必需品に対する厖大な需要の存在だった。それゆえに英国の産業革命に追随した国はフランス、ドイツ、日本などいずれも国内市場の発展を最優先の課題にした。この時期はまた帝国主義の時代でもあったが、植民地の資源や市場は本国の国民経済の発展を補完するものだった。植民地は本国の中に寄生的で腐敗したエリートを生んだから、英国やフランスが植民地に恵まれていたことがその経済発展にプラスだったかどうかは疑わしい。

そして第2次世界大戦は、こうしたナショナルな枠組での資本主義の発展の限界から生じたものだった。英国のように資源豊かな植民地をもたない後発資本主義国の日本とドイツにとっては、工業生産力に見合う資源の確保の問題が発展の隘路になった。工業化を推進するためには日本とドイツも植民地帝国になる必要があった。大戦における日独の意図は、日本は東南アジア、ドイツはロシアを英国にとっての英領インドのような存在にすることにあった。大戦が史上に前例のない資源確保のための戦争だったことは、19世紀以来のナショナルな枠組の中で発展してきた資本主義の破産を意味していた。

そして大戦に勝ち覇者となった超大国アメリカの課題は、資本主義本来のグローバルな性格に即して国際秩序を再構築することだった。こうして戦後の西側世界はアメリカの核とドルと原油の傘の下に統合されることになった。そして大戦の皮肉な結果は、日本とドイツが戦争の当初の目的を敗戦によって達成したことだった。大戦で戦勝国英国は国富を使い果たし疲弊して没落する一方、敗戦国の日本とドイツはアメリカの覇権体制に完全に組み込まれたことで資本主義の再グローバル化の恩恵に浴して奇跡の繁栄を享受し、アメリカに次ぐ経済大国にのし上がった。もともとアメリカは英国の植民地支配から革命戦争によって独立した国であり、建国当時から経済的グローバリズムがその国是だった。それゆえにアメリカは世界を自国の属領として分断する英国やフランスの帝国主義、植民地主義にはつねに反対だった。アメリカにとっては世界とは世界市場のことであり、そこに国境が存在してはならなかった。

11　土地にまつわる記憶のないアメリカ

このアメリカと旧世界ヨーロッパの違いは、アメリカが封建制の過去をもたず近代にロック的社会契約によって無から創造された国であることに関係がある。アメリカは土地にまつわる記憶をもたない、それゆえに歴史のない国である。そして土地にまつわる記憶がないことがアメリカをグローバリズムの論理に徹することが可能な国にした。先述したように、コロンブスの航海以来近代文明は輸送の文明であり、大量の商品と人員の迅速な輸送の上に成立している。そしてアメリカはこの近代の輸送と移動の文明を純粋な形態で実現した国である。

アメリカの歴史自体、ピューリタンの英国からの移住、黒人奴隷のアフリカからの輸送、そして煙草などアメリカ産商品のヨーロッパへの輸出から始まっている。そして以後の歴史は、国土上のノンストップの移住と開拓の歴史である。文明の歴史においては居住圏は人口の増大にともないごく緩やかにしか拡大しないのが通則であり、たとえば長い歴史をもつ日本でも北海道は明治時代までほとんど未開地のままだった。ところがアメリカでは人口はより経済的に有利な土地を求めて絶え間なく移動する。アメリカの独立革命はロックの哲学に鼓吹された革命であり、おそらくその最大の動機は、アパラチア山地以西の土地への英国人の入植を禁止した英国王の勅令から解放されて、先住民に対する民族浄化によってアメリカの領土を西に拡大することにあった。そしてアメリカ合衆国が誕生した当時は、広大な大陸を開拓することは何世紀もかかる遠大な事業と思われていた。ところが造成した農地の転売などにより土地で一山当てようとする人々によって大陸はまたたく間に開拓され、19世紀末までに未開拓のフロンティアは消滅してしまった。より有利な経済的機会を求めて絶えず移動する人々という意味で、移民であることはアメリカ人の本質なのである。

そしてフロンティアが消滅するや否や、ヘンリー・フォードが庶民でもローンで買える安価なT型フォードの大量生産を開始した。工業がアメリカの新たなフロンティアになったのである。自動車の大量生産による普及によってアメリカは近代の輸送と移動の文明を完成させ、その比類ない実例になった。これ以後のアメリカの経済と社会の歴史は自動車化の歴史だったと言っていい。工業資本主義は石鹸やタオルの生産で成立するものではない。その点自動車は、一国の工業力の総合的成果であるとともに人々の生活様式を大きく変える商品だったので、経済成長の原動力になった。

社会の自動車化には原油の精製から道路網の整備まで多岐にわたるインフラが必要であり、それは厖大な投資機会を生んだ。20世紀には混雑した都市を逃れて郊外に庭つきの広い家をもつことが新たなアメリカの夢になったが、不動産業や金融業を活性化したこの夢も自動車が可能にしたものだった。トラックによる物資の高速大量輸送は流通業を巨大化させ、それが大企業による大量生産を促進した。そして自動車というローンで購入される高価な耐久消費材は、当時の大産油国アメリカの豊富で安い原油と相まって、原油と金融で成長する経済にとっての理想的商品になった。それゆえに今日でも、先進諸国の資本主義経済にとって自動車に代わりうる戦略的商品は存在しない。

こうしてアメリカの徹底的に効率的な輸送と移動の文明において、資本は土地と労働の制約から最終的に解放された。そして工業化したアメリカは建国以来の国是であるグローバリズムを世界戦略として新たに定式化することになる。この戦略の第一の課題は、世界に現存する各種の貿易に対する障壁の完全な撤廃である。なぜならば、アメリカのような資源に富む大陸国家であっても、工業経済の果てしない成長のためには全世界の資源と市場への完全に自由なアクセスが必要だからである。そして第二の課題は、このグローバルな規模の資源開発と商取引に対応する金融資本の活動の自由化、資本の国境なき完全に自由な移動である。アメリカのこの世界戦略は、ブレトン＝ウッズ体制と

ＧＡＴＴ（関税と貿易に関する一般協定）の時代から今日のＷＴＯ（世界貿易機関）とＴＰＰまで、原則としてまったく変わっていない。アメリカ資本主義の課題は、グローバル化の戦略によって資本を土地と労働の制約から完全に解放することなのである。

12　城下町広島とブーム・タウンのデトロイト

このアメリカが完成させた輸送と移動の文明に未来はあるのだろうか。「広島とデトロイト」というテーマでアメリカ人が製作したビデオが何本かユーチューブにアップされている。いずれもこの日米の2都市の戦後60年を経た変遷を描いたビデオである。

まず原爆投下直後の広島。建物はほぼすべて倒壊し大地は焦土と化し市全体が瓦礫で埋め尽くされている。そして60年後。広島は繁栄する華やかな都市に変容し、アーケードの商店街は買物客でごった返している。他方で60年前のデトロイトは好景気に沸くアメリカ第四の大都市であり、市民の所得も全米一の高さを誇った。だが今日のデトロイトはさびれたというよりほとんど廃墟に化しており、かつての自動車工業のメッカの面影はまったくない。荒れ果てて廃屋となったビルや家屋が建ち並ぶ市街を野犬の群れがうろつき、人口が１９５０年の１８６万から２０１２年の70万にまで激減した結果、税収減で市の財政は破綻、治安も極度に悪化している。

そして先日、デトロイトは裁判所に破産を申告した最初のアメリカの大都市になった。このデトロイトの荒廃の原因は、住民が次々に逃げ出したことにある。人口流出の発端となったのは1960年代に発生した黒人暴動だった。アメリカでは自由とは移動の自由であり、経済的に有利な土地に移動する自由が結果的に機会の平等を保証する。60年代のアメリカではそうした自由と平等を期待して多数の黒人が奴隷制の遺風が残る南部から北部の工業地域に移住した。だが北部でも彼らは差別された底辺層のままであり、期待を裏切られた黒人たちの怒りがこの時期に各地で暴動を発生させることになった。そのためデトロイトでは暴動を恐れて白人人口が逃げ出し始めた。そして70年代の石油ショック。利益の大きい大型車の生産に慣れていたデトロイトの自動車メーカーは石油ショックによるガソリン価格の高騰に素早く対応できず、燃費がよく故障が少ない日本車に市場を奪われていった。そしてメーカーが企業防衛のために工場を賃金の安いメキシコなどに移転させたことがさらに人口の流出を加速化させた。これ以後のデトロイトの歴史は人口の減少―税収の減少―公共サービスの低下と治安の悪化の悪循環の歴史である。皮肉なことに、アメリカ的な移動の自由を象徴する自動車によって繁栄したこの都市は、この自由によって破産したのである。

デトロイトにかぎらず、アメリカのすべての都市はその経済的条件の有利さによって人々を惹き付けるかつての日本の炭坑町のようなブーム・タウンと言うことができる。というのも、アメリカ人にとっては、どんな土地も経済的有利さゆえに一時的に滞在しているだけの腰掛けにすぎないからである。だが対照的に、古い城下町の広島はブーム・タウンではなかった。人々は原爆で廃墟同然になった土地に住み続けた。そして放射能の影響で今後百年は住めないという噂が流れる中でも広島を見捨てず市の再建に邁進した。その不屈の決意を示すかのように、原爆が投下された国の正午にはもう鉄道が動き、３日後には路面電車が走っていた。たとえ周囲が一面瓦礫の山になっても土地があるかぎり日本人は元気なのである。土地はたんなる財ではない。そしてこの日本人の生まれ育った土地に対する愛着が、日米の文化の違いを決定している。

自動車の町デトロイトの破産は、遠からず輸送と移動の近代文明が終焉することの予兆である。そしてデトロイトの没落の背景にはガソリン価格の高騰があったことが示すように、この終焉の原因はすでにピーク・オイルを迎えた原油の産出量の減少である。先述したように原油は多用途な魔法の資源ではあるが、産出した原油の半分以上は交通運輸部門で使われている。この部門で原油をもっとも消費しているのはトラックによる路上輸送だが、世界貿易においても商品輸送の90％を海運が担っている。昨今は化石燃料の大量消費による地球の温暖化が議論の的になっており、温暖化に起因する異常気象、海水の酸化、両極の氷山の溶解による水位の上昇といった問題が人類の悪夢になりつつある。

たしかに地球温暖化による近代文明の崩壊はもうSF的仮説ではない。しかし温暖化が文明に及ぼす影響は長期的なものであり、その結果どのような事態が発生するかを科学的に正確に予測することは困難である。これに対しピーク・オイルによる輸送と移動の文明の終焉は現に進行中の事態である。温暖化による文明の崩壊がありうるとしても、それに先立ってコロンブスの航海以来の物資と人員の迅速な大量輸送の文明が燃料切れによって終焉するだろう。それゆえに21世紀の人類の課題は、この終焉を前提として文明を再設計することでなければならない。

13 地理学的文明と経済学的文明

世界が石油ショックで揺れた70年代以来、われわれは二つの言葉をよく耳にするようになった。その一つは「地域」であり、たとえば「グローバルに考え地域的に行動しよう」という標語はグローバリゼーションに異議を唱える人々の合い言葉になった。もう一つは「生態学」で、エコロジーは人々の生活感覚の変化を示す代表的な現代用語になった。

ところがこの二つの現代のキーワードの間に論理的な深い繋がりがあることがいまだに理解されていない。「地域」は地理学の基礎概念である。そして生命と環境の相互作用を研究する生態学は地理学の下位部門といっていい。この二つは地理学の用語なのである。70年代以来こうした言葉が徐々に人口に膾炙《かいしゃ》して広まってきたことは、知らず知らず人々の間で文明の軌範が経済学から地理学に変化してきたことを示している。これは抽象的な「経済」から具体的な「生活」への変化である。

しかし今日なおこの文明原理の転換がはっきりと意識されていない原因は、人々が相変わらず制度に呪縛されていることにある。人々は「経済」を自然現象のような自明な事実と思い込んでいて、「経済」はあくまで制度の産物であることに気がつかない。近代経済は通貨と銀行信用によって回っている経済だが、前者は政府がその価値を保証している法定通貨であり、後者は中央銀行が発行している銀行券である。近代経済の要をなす通貨と信用は純然たる人為的な制度の産物であり、だからこそ政府と銀行によって政治的な目的で操作されることが可能なのである。だが制度に呪縛されている人の目には制度は自然現象のように見える。そしてこのように抽象的な「経済」のメガネをかけて現実を見ているかぎり、「地域」は人口やGDPへの貢献など各種統計によって量的に把握される国家の末梢的な単位のことでしかないだろう。それゆえに「地域」という言葉がはらんでいる豊かな意味を理解するためには、「地域の知」であることを学の主題としてきた地理学の視点に立つことが必要なのである。

地理学の視点からすると、現実に存在しているのは国家という制度ではなく人間が自然を生活の場にすることによって生まれた国土である。地域は国家の末梢的部分ではなく究極の現実、豊かな総合的かつ包括的な現実である。そしてあらゆる地域は独自的な顔をもち、地理学者はそれを「景観」と呼ぶ。たとえば経済学者の目にはA市とB市は統計上は似たような存在かもしれない。だが地理学者の目には、あらゆる地域は個性的な顔立ちをもっており、この土地の個性を把握することが地理学の課題である。地理学はいわば土地の人相学であり、人間と同じく土地に関しても人相が完全に同一ということはありえない。地理学は世界の相貌に関わり、この相貌は単位に還元して分析することができない綜合的な現実として与えられている。古代世界の神話はたんなる空想の産物ではなく、世界の相貌に関する強烈な印象から生じていることが多いのだが、その意味では地理学は神話的知性を科学として継承したといえるかもしれない。

そして地域の独自の個性というものは、地域がたんなる物理的自然ではなく人間の生活の場であることによって生じる。北極圏のイヌイットであれカラハリ砂漠のサン人（ブッシュマン）であれ、人類はその長い歴史を通じて地域の資源を巧みに利用することによって存続してきた。だが現代人はこの地域の多種多様な資源を活用する才覚を失っている。今日われわれは片田舎のスーパーでもオーストラリアの牛肉やタイのマンゴーを買えることに輸送の文明の恩恵を感じる。そのときわれわれは自分が住む地域でかつてどれほど地元のさまざまな資源が食用、薬用、衣料用などに使われていたか忘れてしまっている。そして輸送の文明が終焉すれば地域経済の豊かさと多様性が復活するとは考えない。

だが限られた資源の巧みな活用という点では、古人の知恵と画一的な科学技術のどちらが優《すぐ》れているであろうか。たとえカラハリ砂漠であろうと、人類にとって地域は恵み多き世界だった。少なくともどんな地域もたんに生存するだけでなく人間らしく生きることを充分に可能にしてくれるだけの豊かさを秘めていた。だからこそ人類の歴史をとおして地域的自給が経済の通則だったのである。もちろん地域的自給と並んで外部との交易の習慣も歴史とともに古い。そうした交易は地域の自給を二次的周辺的に補完するもので、生活必需品ではなく異国的で高価な奢侈品がその主な対象だった。シルクロードを経由した中国とローマの交易に見られるように、文明間の交易もこの原則に従っていた。

この世界では、基本的に自給している諸地域間の相互補完的で互恵的な繋がりが広域経済圏を創り出していた。そこではたとえば沿岸地域の塩田で生産された塩が馬の背で山間部に運ばれ、山間部の産物の豆、煙草、綿布などが帰り荷になるといった形で、海と山を結ぶ広域経済圏が形成された。全国に知られる名産品が各地に生まれた江戸時代の日本はこうした地域ネットワーク経済の見事な実例だったといえるだろう。もちろんこの時代には幕藩体制ゆえの弊害もあった。当時の藩は一種の小国家だったので藩の間での連繋や協力はありえなかった。だからある藩で冷害による飢饉で餓死者が出ても、近隣の藩は充分な食糧の蓄えがあるのにそれを見殺しにした。しかしこうした体制上の問題にもかかわらず、江戸時代の日本はかつてない繁栄を享受し、余裕のある生活が農民や町人を文化の荷ない手に変えていった。この繁栄の原因が天下泰平の下での地域ネットワーク経済の発展にあったことは間違いない。

その発展の成果は外国人の目にも印象的なものだった。幕末に日本を訪れた外国人は、産業革命下の英国の労働者階級の困窮とは対照的な貧困の不在、庶民の健康と趣味のよさ、幸福そうな暮らしぶりに感銘を受けることが多かった。それだけにペリーのアメリカ艦隊の武力の威嚇による日本の開国は、近代史におけるもっとも意味深長な出来事の一つなのである。これは日本という地理学的文明とアメリカという経済学的文明の衝突であり、蒸気機関で動くペリーの黒船は近代の輸送の文明を象徴していた。そして幕府がわずか４隻のアメリカ艦隊に狼狽し開国を余儀なくされたのは、この艦隊が日本経済の生命線を脅かす可能性があったからだった。

当時の日本は実質的にはすでに市場経済の国であり、(2) それは各藩が農民から徴集した年貢米を大阪の米市場に運んで売り現金化することによって成立していた。ペリーの艦隊は、この米を大阪に運ぶ樽廻船や菱垣廻船という沿海海運を脅かす恐れがあった。その一方アメリカの目的は巨大な市場と思われていた中国との貿易であり、日本に対してはその中継地点として寄航するアメリカ船に食料や燃料を補給することを要求したにすぎなかった。それゆえに日米の衝突は、〝遅れた〟封建社会と〝進んだ〟近代社会の衝突といったものではない。それは地域ネットワークに埋め込まれた市場経済をもつ国とグローバルな世界貿易による発展を至上の国家目標とする国の衝突だったのである。その意味で黒船の来航はコロンブスの航海の延長線上で起きた出来事であり、日本が近代世界の大勢に順応して経済学を文明の規範として信奉する国家に変わる契機になった。そしてこの当初は外圧によって強要された転向の最終的な帰結が、巨大地震多発国という地理学的現実を無視して近視眼的に経済的効率だけを意図して建設された東電の福島原発の破局なのである。

14　エントロピーという代価を無視した近代産業

1970年代以来、「地域」や「生態学」と並んでもう一つよく使われるようになった言葉に「エントロピー」がある。周知のようにこれは熱力学の用語で、エネルギー恒存の法則が熱力学の第1法則、エントロピーは第2法則である。エネルギーとエントロピーは光と影のような関係にあり、われわれがエネルギーを使えばその対価として必ずエントロピーが生じる。

熱力学によれば、エネルギーを使うとき人間は物質そのものではなく物質の組織形態を利用している。それは秩序のある組織形態が無秩序になる過程、物質の整然とした分子構造が散逸した乱雑な状態に不可逆に変化することを意味している。こうした変化のわかりやすい例は、ガソリンを燃やすと大気が汚染されることである。してみれば戦後長らく繁栄を謳歌してきた先進諸国がエネルギー危機と環境問題に揺れた70年代に「エントロピー」という言葉が広く知られるようになったのは偶然ではない。それまで「技術の進歩」という呪文を信じていた人々が近代文明の在り方をエネルギー論の視点から捉え直すようになった。そしてエネルギーを崇拝する近代文明はその必然的な対価であるエントロピーの問題を無視してきたこと、その結果大規模な環境破壊が進行していることに気づいたのである。

しかし20世紀も70年代になってようやくエネルギーが文明の根幹に関わる問題として再認識されたのは、不可解なことではある。産業革命以来石炭と石油の使用が文明を一変させたことは子どもでも知っている事実である。しかも熱力学は産業革命を代表する発明である蒸気機関の物理学的考察から生まれた科学なのである。だが現代人は石炭と石油のエネルギー収支のよさ、それが約束する一獲千金の投資機会に有頂天になるだけで、文明の在り方自体を熱力学の視点から考察しようとはしなかった。ここに資本主義のもっとも危険でおぞましい側面がある。

資本主義の問題は搾取といったことではない。資本主義は知的活動としての科学にはまったく関心がなく、科学の成果をビジネスに応用するだけである。ゆえに資本主義にとっては科学的知識はそれ自体資本であり、それを可能なかぎりビジネスに利用することが資本主義の発展を左右する。そしてこのような科学的知識の資本による横領の結果として、資本主義の無制約な発展は原発事故や地球温暖化の脅威といった形で人類の種としての生存を危うくするにいたる。科学的知識をビジネスに応用すること自体が問題なのではない。近代産業がエントロピーという代価を無視してきたことが示すように、科学的知識の中でビジネスの利益になる部分だけを御都合主義的に利用しビジネスを制約する部分は無視するような利用の仕方が問題なのである。そして経済学を軌範とする文明は資本の自然（土地と労働）に対する支配によって成立している以上、熱力学が認識している物理的自然とはけっして両立しえないのである。

これに対し地理学を軌範とする文明は熱力学の法則と容易に両立し、法則に忠実であることができる。自然との共生を語るなら、それは何よりも熱力学の法則との共生でなければならない。そしてこの文明は近代のエネルギー崇拝から脱却した文明でなければならない。この崇拝をグロテスクな形で象徴しているのが原子力発電であり、今も深刻な事態が続いている福島原発は邪教の神殿といっていい。

しかしわれわれはこの神殿の崩壊を目のあたりにしながら未だにそこから適切な教訓を引き出していないように思われる。原発事故の後の日本では以前にもまして省エネが合言葉になった。確かに国内の原発すべてがほぼ全面的に停止した状況の中では省エネの努力は当然であり、人々が政府と電力会社の節電の要請に整然と応じたことも賞讃に価する。しかし第一に、エネルギーをより注意深く使おうとすることはエントロピーの問題を考慮することと同じではない。それはエネルギー中毒に陥った社会を少しでも長く延命させようとする努力にすぎない。第二に、原発事故の後、日本の脱原発の決め手は風力や地熱など再生可能エネルギーによる発電という声が一挙に高まった。こうした議論は原発事故がエネルギー中毒社会の最終的破局を意味していることを理解していない。そして以前と同じエネルギー中毒の立場からこの破局は技術で解決できると考え、エコビジネスの奨励に終わってしまっている。もちろん風力や地熱による発電は地域によっては効果的かもしれないが、日本全土を風力発電機や太陽光パネルで埋め尽くせば新たな環境問題が発生する。そして何よりもこうした技術至上主義的な発想は、近代文明の宿命的な代価であるエントロピーの問題に真摯に向き合っていないのである。

しかし近代文明はその原理の全面的な転換を迫られている。そしてそれがいかなる転換であるかはすでに明確になっている。それは物理的エネルギーを最大限に効率よく利用することを目標にする価値観からエントロピーの増大をできるだけ抑制することを目標にする価値観への転換である。もちろん物理的宇宙を成立させているのはエネルギーとその形態転換であり、人間も世界もエネルギーなしには存在しない。そして人類は今後とも電力や内燃機関の使用を完全にやめることはないだろう。しかしエネルギーの利用とエントロピーの抑制のどちらに重点を置くかで文明の相貌はまったく変わってくるだろう。

15　江戸時代日本というモデル

日本人は幸いなことに自分たちの歴史の中にエネルギー中毒には無縁の社会のモデルをもっている。近代文明に懐疑的になってきた昨今の日本で江戸時代が再評価されている一因は、江戸時代の日本がエントロピーの増大の抑制を原則とする社会の見本だったことにあると思われる。徳川幕府の政策の特徴は幕藩体制の下での天下泰平を維持しようとする徹底的な保守主義だったが、これがエントロピーの抑制につながったことは否定できない。

たとえば幕府は治安を目的に意図的に運輸手段や交通網の発展を遅らせた。当時の日本では、技術的には可能だったにもかかわらず主要な河川に橋は架けられず、外航可能な船の建造や馬車の使用は禁止され、人力の駕籠が陸上交通の主力だった。その結果、日本は否応なくなるべくエネルギーを使わない低エネ社会になった。また鎖国という状況の中で限られた資源を使わざるをえないことから、所持品をまめに修理修繕してできるだけ長く使うことが人々の習慣になった。エントロピーの抑制という点ではこうした習慣は現代のリサイクルよりずっと効果的である。リサイクルはそのための工程でやはりエネルギーを使うし、リサイクルされた商品はそのうちゴミになるからである。

そして幕府が戦国時代の乱伐で荒廃した山林の現状を憂慮して植林事業や留山制度で日本の森林を見事に再生させたことはよく知られている。この森林保護政策は、植物の生育と水の循環を促進することによって環境中のエントロピーの抑制に大きく貢献したはずである。それゆえに徳川幕府の保守主義にどんな問題があったにせよ、それが意図せずして挙げた成果はまさしく評価する必要がある。「封建制から近代へ」という西洋の進歩の図式をそのまま江戸時代に適用することは、日本人にとって貴重な歴史の遺産を見失うことにつながる。そしてこの江戸時代の遺産はおそらく今も、進歩や発展ではなく安定、保全、連続性、抑制を評価する健全な保守主義として、日本の庶民の心性の中に生き続けている。

エントロピーの増大は物理的宇宙の根本法則である以上、それを抑制しようとする社会の戦略は、なるべくエネルギーを使わずエントロピーが増大するペースをできるだけ遅らせることにある。だがそれに加えて、この社会は生命の活動を活発にすることで増大のペースをさらに遅らせるという戦略をとることもできる。

地球上の動植物や人間が簡単に老いたり死んだりしないのは太陽が不断に厖大なエネルギーを地球に補給しているからである。この場合、地球は太陽から降り注いだエネルギーを使った後、エントロピーを宇宙に放出できるという意味で、開放定常系をなしている。そして閉じた系と異なり、開放定常系においてはエントロピーは局所的かつ一時的に減少することができる。動植物や人間という生命系はそうした局所をなしている。具体的にいえば、太陽から到達するエネルギーを植物が光合成によって動物と人間が利用できるエネルギーに転換し、動物と人間はそれを外部から補給される栄養の形で絶えず摂取することによって身体組織を更新し続け、それによって組織を分解と死に向かわせるエントロピーの増大に抵抗する。

生命の発端には植物による光合成がある。それゆえに地球上では植物こそが唯一の真の生産者なのだといえる。人類はその労働と技術の成果を誇っているが、熱力学の見地からするとじつは何も生産していない。植物によって生き長らえながら労働と技術によって所与のエネルギーの形態転換をやっているだけであり、それを人間の英知による「無からの創造」のように思い込んで、うぬぼれているだけである。植物が動物と人間の生命を秩序だった組織として保全している。そして生命を保全することによって植物は人間の生をたんなる物理的偶然を越えた意味あるものにしている。人類の文明とは恒常的な破壊と死の脅威に抗して人間の生に意味あらしめようとする企てであるならば、そうした意味ある秩序を創造しようとする企ての原点をなしているのは植物の生産活動である。多くの神話や宗教で天国が花が咲き乱れ植物の恵みに満ちた世界とされているのは不思議ではない。

16 文明とは基本的に農の文明である

そしてここに、産業の一分野である「農業」に代わって人類の一般的な営みを意味する「農」という言葉をわれわれが使うべき理由がある。近代以前の世界では文明の土台は土地と農にあることを誰もが知っており、土地と農作物は神の賜物とみなされていた。近代の歴史はこの農が「農業」に矮小化されてきた歴史だといえる。そして生産性の低い停滞した農業社会に革新的でダイナミックな工業社会がとって替わったとされてきた。

だがこの工業社会なるものは本当に存在するのだろうか。近代工業の原動力になってきた石炭と石油は何ら新しい資源ではなく太古に太陽エネルギーを吸収した動植物の遺骸が化石化したもので、太陽エネルギーの巨大な貯金といえる。だから産業革命以後の人類は、未知の遠い親類から突然巨額の遺産が転がり込み、その金を湯水のように使って乱痴気騒ぎに走った道楽者に似ている。そして過去のエネルギーの貯金を見境いなしに浪費することは地球上の生態学的均衡を攪乱することになる。しかも工業社会が食料生産自体を工業化することは不可能である（たとえば農作物の水耕栽培による工場生産はエネルギー収支の点で問題にならない）。ゆえに今日でも人類社会は農業によって存続しており、完結したシステムとしての工業社会は存在していない。文明は今日も基本的には農の文明なのである。

しかし農業から農への文明原理の転換は近代以前の世界への復帰を意味するものではない。この転換の根拠は熱力学と生態学にもとづく自然観である。今日農業は主に食料生産に特化した産業の一分野とされている。これに対し「農」はエントロピーの抑制を課題とする文明の戦略の一環をなすものであり、食料の生産に限定されない幅広い意味をもつ。それは文明の原理自体の包括的な帰農である。なかんずく「農」は文明の産業基盤が鉱物系から生命系に転換することを意味している。したがってバイオマスを利用した地域発電といったものも生命系の経済の一例として農に含まれることになるだろう。

農を生命系を維持強化する活動一般とするならば、その第一の課題は国土の維持と保全でなければならない。農畜産物など食料の生産はこの活動の副産物である。そして伝統的な社会でも農民は食料を生産する農業労働者ではなかった。人類にとって長らく野良仕事は土地の個性と深く結びついた生活様式のことだった。それを食料生産に特化した産業に変えたのは産業革命である。マルクスが『資本論』の中で論じた18世紀英国の囲い込みは、農民から共有地への伝統的な権利を奪って貧民として都市に流入させ産業革命を支える労働力を創り出したが、これはまた生活様式としての農が破壊される過程でもあったことが想起されねばならない。

そして国土の保全に関してもっとも重要なことは、地球上の水の循環を適切に維持することである。結局、生命系にとって水ほど重要な資源はない。地球を太陽に対して開放定常系として維持しているのも水である。水は地表の熱を吸収し蒸発して雲になり、地球上で廃棄された熱を宇宙に放出する。地球の温暖化が人類にとって脅威である最大の理由は、それが地球上の水が循環する過程を大きく攪乱するからである。そして周知のように温暖化の原因は化石燃料の大量消費にある。化石燃料のエネルギー収支のよさが各国の経済を成長させている。したがって熱力学の視点からすると、ＧＤＰという経済指標は人類が化石燃料を大量に消費している度合いを示しているにすぎない。このＧＤＰに対して地理学的文明では水が経済の基本的な指標になるだろう。この文明の課題はダイナミックな革新と成長ではなく保全と安定であり、水資源が適切に管理され常時必要に応じて潤沢に利用できることが人々の安定した生活の大前提だからである。

近代文明は輸送の文明であり、大量の商品の迅速な輸送が労働と土地に対する資本の支配を可能にしてきた。資本主義は資本―労働―土地という価値評価の序列によって成立しており、そこでは資本にとっての投資収益という狭隘な視点から人間は労働力に、土地は資源に還元される。だが地理学的文明においてはこれは土地―労働（人間）―資本という序列に逆転し、土地がいっさいの価値の源泉とされる。そこでは富を生産する土地が主人であり、人間は土地に庇護され扶養されるその客人や番人にすぎない。そして資本の効用は人間の必要に奉仕することにある（資本を人間に奉仕させる経済システムの具体的な在り方については次章で説明したい）。

17　輸送の文明から居住の文明へ

資本主義の下では、自然を資源として開発利用し、労働によってそれを商品に改変することが資本の価値を増大させ、労働と土地に対する資本の支配を拡大する。ゆえに経済学的文明は労働が価値を創造するとみなし、労働と生産をほとんど宗教的な至上の価値にしてしまう。しかし地理学的文明においては「住むこと」に人間の本分がある。人間は住むために働く。労働は住むことから派生し、住むことから自ずと生じてくる生活様式の一環をなすにすぎない。近代の輸送の文明と異なり、地理学的文明は「居住」（ハビタート）をライトモチーフとする文明である。そこでは労働は居住と一体化する。そして交通網の発展より居住環境の整備が重視される。国土の保全の観点からは国土上に人口がなるべく均等に分布していることが必要であり、都市部への人口の集中は望ましくない。

それではなぜ都市に人口が集中するのであろうか。それは都市に富と権力が集中しているからであり、交通網がこの集中を可能にしているからである。たとえば日本の鉄道網は東京がその最終目的地、双六の上がりになるように設計されている。高速道路、高速鉄道、空港などの現代の交通網は、大都市が地域の富や人材を吸い上げるためのパイプラインなのである。60年代の高度経済成長に先立って東海道新幹線が開通したことは偶然ではない。地方の人々は地元での新幹線の開通や空港の建設に地域経済の振興を期待するのだが、実際には全国的交通インフラが整備されればされるほど大都会に人口が集中し、地方の過疎化が進行する。そして都市への富と権力の集中は都市の巨大化をともなう。

東京はもはや大都市ではなく、日本の人口の4分の1が住む首都圏という怪物になっている。この怪物を生き続けさせるためには外部からの厖大なエネルギーの補給が必要である。原発に代表される大規模集中発電は、きらびやかな都市型の消費を可能にするためのものといっていい。だから原発による放射能汚染、大型火力発電所による地球温暖化の促進といった問題は、風力発電や太陽光パネルによって解決できるものではない。本当の問題は巨大都市であり、都市型の浪費的な大量消費を必要とするその経済である。この問題は技術ではなく居住形態の転換によって解決される。人々が大都市ではなく小さな市町村に住むならば、地域小規模発電でそのエネルギー需要は充分に賄うことができよう。そして地域小規模発電ならば、必ずしも再生可能エネルギーにこだわる必要はない。バイオマ

シリーズ　地域の再生　全21巻

6●福島からの日本再生
――大震災・原発災害からの復興と内発的発展
守友裕一・大谷尚之・神代英昭 編著

7●進化する集落営農
――新しい「社会的共同経営体」と農協の役割
楠本雅弘

8●復興の息吹き
――人間の復興、農林漁業の再生
田代洋一・岡田知弘 編著

9●地域農業の再生と農地制度
――日本社会の礎＝むらと農地を守るために
原田純孝・田代洋一・棚沢能生・谷脇修・高橋寿一・安藤光義・岩崎由美子 ほか

10●農協は地域に何ができるか
――農をつくる・地域くらしをつくる・JAをつくる
石田正昭

11●家族・集落・女性の力
――集落の未来をひらく
徳野貞雄・柏尾珠紀

17●里山・遊休農地を生かす
――新しい共同＝コモンズ形成の場
野田公夫・守山弘・高橋佳孝・九鬼康彰

18●林業革命
――関係性の再生が森を再生させる
家中茂 ほか

19●海業の時代
――漁村活性化に向けた地域の挑戦
婁小波

20●有機農業の技術とは何か
――土に学び実践者とともに
中島紀一

21●百姓学宣言
――経済を中心にしない生き方
宇根豊

※2014年2月末現在、書名・執筆者等変更する場合もございます。
0は既刊分

スを使った火力発電や各種用水路を利用した水力発電ならば、環境に対する大きな負荷にはならない。このように環境問題とは都市問題である。そして都市はその巨大化に比例して環境中のエントロピーを増大させる。都市は地方の富を吸い上げる一方でこの問題を地方に送り返す。地方がますます大都市のゴミ捨て場と化している現状は、都市がその内部矛盾のツケを地方に回している一例である。

地理学的文明においては、国土上で人口のなるべく均等な分布を促進することが交通網を整備する主な目的になる。そしてこれにともなって都市の在り方も大きく変わるだろう。近代の都市はどれもアメリカの都市と同じようなブーム・タウンの性格をもっている。そこでは人々は集積された富に惹き付けられて都市に流入し、ブームが過ぎ去れば出ていく。

ヨーロッパや日本の歴史的に由緒ある都市と異なり、アメリカの都市にはビジネスと就職の有利な機会以外の魅力がない。だからアメリカ人は混雑した都心のアパートより郊外の広い一戸建てに住みたがり、この郊外化がアメリカの経済成長の有力な要因になってきた。そしてこうした郊外住宅の住人の多くは高学歴のホワイトカラーである。地方の若者が都市の大学の入試に合格して都会のホワイトカラーになることは、都市への移住が富へのアクセスを意味する典型的な例といえる。戦後の先進諸国では学歴競争が地方から都市への人口移動の調節弁の役割を果たしていた。この学歴の役割とマスメディアと学校が代表している都市型の皮相な文化だけを文化とみなす偏見との間には深い関係がある。

18 「特別な場所」としての都市

そして都市と田舎の関係という点では、近代の都市と近代以前の都市の間には決定的な違いがある。近代世界においては都市と田舎の違いは量的な差異でしかないのに対し、近代以前の世界では都市と田舎は質的な差異によって区別されていた。

近代世界において都市と田舎を区別しているのは富と人口の集積の度合いの量的な差異にすぎない。だから政令指定都市は主に人口50万以上という要件によって一般の市と区別され、人口が増えた町は市に昇格する。横浜市は日本の開国当時は小さな漁村だった土地が港湾の経済的重要性によって大都市に膨れ上がった例である。

これに対して近代以前の世界では、都市は特別な場所であることによって田舎と質的に区別されていた。英語のタウンは語源的には柵や垣で囲まれた特別な場所を意味している。だから都市の存在に人口の大小は関係がない。模範的な都市の文化を生み出した古代ギリシャのアテナイの市民の人口はわずか15万であり、中世のヨーロッパには人口が数千人の都市も存在した。そうした小規模な集落でも都市とされるに価する理由は、それが日々の生産から解放された消費の場だったことにある。経済的には、都市は田舎で生産された富が消費されるハレの場だった。ただし古代や中世の都市は現代の消費文明とは正反対の意味で消費の場として存在していた。イタリアの都市に守護聖人があることが示すように、都市は宗教や神話との結びつきによって特別な場所であることが多かった。

紀元前5世紀のペロポネソス戦争当時のアテナイの指導者ペリクレスがアテナイを「ギリシャ世界の学校」と呼んでいることも示唆的である。都市は神聖な祭式の場であり学校でもあった。それは日常的な労働の必要から解放された人々によってさまざまな情報が交換され集積され淘汰され、それによって高度な文化が創造される場所だった。それゆえに小都市アテナイはギリシャ悲劇からパルテノン神殿まで比類ない文化的遺産を後世に残すことになった。そしてこの都市が創造する文化が田舎の人々の生と労働に意味を与えていた。労働はたんなる生存のための無意味な労苦ではなく、そこには文化という果実を生み出すような消費を可能にするという目的があった。そうした文化を創造することを条件として都市は消費の場であることを許されていた。そして古代アテナイの例はある程度まで江戸時代の京都にも当てはまる。京都は江戸や大阪とは比較すべくもない小都市だったが、芸能や学問や工芸のメッカであり、まぎれもない日本の文化的首都だった。この点で京都の歴史は、明治維新による東京遷都以後近代日本のブーム・タウンを代表してきた東京の歴史の対極にある。そして地理学的文明の下で地域の個性と多様性が強調されるようになれば、都市は再びその土地に固有の市民精神を育む特別な場所として他の土地と区別されるようになるだろう。

19 「規模の不経済」に陥る経済学的文明

経済学的文明に関しては、もう一つ論点が残っている。この文明には果てしなく規模の拡大に向かう傾向がある。都市の巨大化だけでなく多国籍企業のグローバルな活動もこの傾向の現われである。経済規模拡大の指標であるGDPもこの傾向の産物である。この傾向は、資本主義が基本的に「規模の経済」であることから生じる。資本主義の下では、生産規模を拡大していけば拡大に要した費用に比して拡大によって得られる収益はどんどん増えていく。ただしここでもいずれ収穫逓減の法則が働く。規模の拡大がある限度を越えると費用ばかり増えて収益は徐々に減っていく。だが資本はこの限度を無視し効果がマイナスになっても規模の拡大を止めようとしない。その結果、巨大化した組織を維持すること自体に巨額の費用がかかることになる。リーマン・ショック以後の目下の世界経済危機はこの「規模の不経済」によって生じたということもできる。

この規模の不経済がくっきりと現われているのが世界の耳目を集めているEUの統一通貨ユーロの危機である。1998年以来のEUのユーロによる通貨統合は、グローバリゼーションの圧力の下でヨーロッパの資本がアメリカに対抗するための措置だった。各国の通貨をヨーロッパ中央銀行とEU当局が管理するユーロに統一すれば、EUはその域内で資本と労働力が国境を越えて自由に移動する単一の巨大市場になる。通貨統合はまさしく規模の経済の論理を徹底させたものだった。これでEU

の企業はその規模ではアメリカを上回るユーロ圏地域全体を国内市場とみなして投資し生産することができるようになる。だが通貨だけ統合して各国の財政はその政府に委ねたままという矛盾は、各国の国情を反映してユーロ圏内部の地域格差をむしろ浮き彫りにすることになった。

単一の巨大市場の出現でもっとも恩恵を受けたのは商品に国際的競争力がある輸出立国のドイツである。その結果、ＥＵの金融政策はユーロの支柱であるドイツ経済に重点を置くようになり、好調な経済がインフレに走らないようにユーロの利子率は長らく低く抑えられた。しかしユーロ圏諸国のすべてに適切な利子率などあるはずもない。低利の資金はギリシャやスペインなど貿易による経済成長が期待できない国々では不動産バブルや放慢財政の原因になり、リーマン・ショックと相まってユーロはＥＵの経済全体を破綻させることになった。

通貨統合はグローバリゼーションの中でヨーロッパをアメリカに対抗するもう一つのアメリカにする試みだったと言える。だがそれならばＥＵを通貨だけでなく財政的にも完全に統合されたヨーロッパ合衆国にすべきだったのである。連邦国家ならば地域間格差があっても財力のある州からの税収を貧しい州に回せばよく、同一の利子率が地域によって異なる結果を生むこともない。しかしながら現実にはヨーロッパ合衆国はＳＦ的空想にすぎない。中小のさまざまな国がひしめき合っている地域の個性と多様性こそがヨーロッパの取り柄なのである。ヨーロッパのアメリカ化は当初から不可能な企てだった。開拓者と移民がつくり出した若く歴史のない国アメリカと異なり、ヨーロッパでは土地に古代以来の歴史の記憶が染み込んでいる。そしてこの点ではユーロの破綻によって生じたＥＵの亀裂がドイツに代表されるゲルマン的な北とイタリア、スペインなどのラテン的地中海的な南の亀裂の形をとっていることも注目に価しよう。

経済学はＥＵの空中分解の危機を、各国の産業構造、経済成長率、通貨とともに財政も統合しなかった失策などによって説明する。だが問題の根本は、ヨーロッパの地域の個性と多様性がアメリカ的連邦制による画一化を許さなかったことにある。そして各国の人々が規模の経済の論理による生活と労働の在り方の画一化に抵抗する理由は、長い年月を重ねて形成されてきた彼らの生活様式にある。地域の個性と多様性という問題は、食文化に見てとれるような生活様式の違いに行き着く。たとえばドイツ人とイタリア人の生活様式の違いは、経済学ではなく人文地理学や民俗学の領域に属する。それゆえにユーロとＥＵの危機においては、経済学の速度と規模という論理が地理学の地域と居住という論理に衝突しているといっていい。そして人々は、利己的で打算的な経済人（ホモ・エコノミクス）であることが人間を幸福にするとはもう考えていない。

通貨統合の挫折にともない、現在ヨーロッパ各地で地域の分離独立運動が盛んになってきている。スコットランドでは２０１４年にイングランドとの分離の是非を問う住民投票が行なわれる予定であり、スペインのカタロニアや北イタリアでも分離独立運動が勢いを増している。ユーロの挫折はおそらく組織の果てしない大規模化を志向する時代が終わったことを示すものだろう。物事にはすべて適切な規模と限界があるということは古来人類の知恵の一部をなしてきた。そして今日でも動植物の体積の大きさなどに関しては生物学の常識になっている。適切な規模の探求は地域の観相学である地理学にとりわけふさわしい課題である。それゆえに都市や集落の適切な規模と比率を見出し確定することが、エントロピーの抑制とともに地理学的文明の重要な課題になるだろう。

20　地理学的地域連合の国・スイス

最後に、国土の地理学的特徴にぴったり適合した国家体制がつくられた実例を挙げておきたい。それはスイス連邦である。

周知のようにスイスはアルプスの峻険な高峰が美しい代表的な山国である。山国に適した生業は牧畜であり、厳しい風土の中で牧畜のために住民が協力する習慣がスイスの国柄を生み出した。そしてスイス連邦の歴史は14世紀に遡る。当時のスイスではウィーンに居を構えるハプスブルク家の皇帝が多くの所領を有しており、神聖ローマ帝国の体制とスイス農民の自治組織の対立が深まっていた。その中でウリ、シュヴィーツ、ウンターヴァルデンの三つのカントン（州）が皇帝に抵抗するために相互防衛同盟を結成、１３１５年のモルガルテンの戦闘でこの同盟の農民軍が山岳の地の利を活かした巧みな戦術で皇帝の騎士の軍勢を大敗させたことが、連邦が誕生する発端になった。農民軍はその後も皇帝に対する勝利を重ねて同盟に参加するカントンも増え続け、１４９９年に皇帝とのバーゼルの講和によって独立したスイス連邦が正式に発足した。

このように地域間の自発的連携から出発した歴史をもつがゆえにスイスは今日も中央集権を徹底的

に排除した地域連合の国である。地理学の視点ではクニとは地域の連なりや重なり合いによって成立しているものだが、スイスはこの地理学の論理がそのまま国家体制になっている国である。この国家体制の原則は自治の尊重と権力の集中の排除である。スイス人はたとえ議会であってもどこかに権力が集中することを嫌う。そのため議会の権力はカントンの自治および国民発議制と国民投票制という直接民主主義によって制約されている。そしてスイス独特の議会統治制の下でこの議会は行政府を兼ねている。またスイスの協定民主主義も独特のものである。この制度によって比例代表制の国政選挙で一定数以上の票を得た政党はすべて入閣する。閣僚ポストの配分は得票率に応じて決まる。したがってスイスの選挙と議会は与野党の権力争奪の場ではなく、選挙は世論調査に似たものになる。内閣は連邦参事会と呼ばれるが、各国の首相のように1人に権力が集中していることはない。そして7人の連邦参事の1人が輪番制で形式的な名誉職である大統領になる。

これに加えて憲法の改正、国際組織への加盟、憲法にもとづいていない連邦法の変更には、国民とカントンの投票による二重の承認が必要である。スイスにおける自治の尊重は徹底したもので、学校の教育方針などはカントン毎どころか学校毎に異なるそうである。そしてスイス人は連邦国家よりも自分が住むカントンに愛着を感じており、スイス議会が議場に国旗を掲げるようになったのは移民の流入が争点になってきた最近のことにすぎない。スイスは国民がドイツ系、フランス系、イタリア系に分かれていて公用語も複数の多民族国家だが、隣の旧ユーゴのような民族紛争などまったく考えられない。これも国民が同じ山国の民という意識を共有していること、そして自治の尊重と権力集中の排除という国家原則の偉大な成果といえよう。

山国スイスの歴史は、古代以来の日本の歴史に重なってくる。古代に日本は大陸国家の中国から律令制という専制的国家体制を導入した。しかし島国日本の地理、風土、歴史に合わないこの大陸型国家体制は導入すると同時に解体し始めた。これ以後、江戸時代の幕藩体制までの歴史は、日本人がこの体制を日本の地理、歴史、国情に即してアレンジし改変してきた歴史といえる。その意味で幕藩体制は、山地が多く地域と気候の多様性に富む島国という日本の風土に適合した自治と分権の体制でもあった。幕藩体制にどんな問題があったにせよ、それは日本の国家体制が進化する方向をはっきり示していた。この点で、開国後に徳川幕府が当時のドイツをモデルに幕藩体制を連邦制に改変する案を検討していたことは興味深い。

この点では明治維新と称する薩長の権力亡者によるクーデターは、この進化の過程を逆転させるものだった。そして明治の権力エリートは当時の帝国主義の風潮に乗じて日本を帝政中国にするという古代に放棄された試みを蒸し返した。その後、日本帝国が大陸に進出した背景には、衰退する中国に代わって日本が東アジアに多民族帝国を建設して新たな中華になるという構想があった。そして日本帝国が敗戦で消滅した後、日本のエリートは今度は日本とはあらゆる点で対照的な国アメリカを発展のモデルにした。古からの歴史の記憶が土地に染み込んでいる定住者の島国日本と開拓者と移民が無から創り出した歴史のない大陸国家アメリカの間に似たところはまったくない。そして戦後日本のアメリカナイズの帰結が、災害多発国という日本の地理的特性を無視して福島県の海岸に建設されたアメリカ製の原発であり、津波によるその大事故である。原発事故というあまりにも大きな対価を払って、われわれはエネルギー中毒の時代が終わったことを知った。そして戦後日本のエネルギー崇拝に代わるものはエントロピーの抑制以外にありえない。フクシマ以後の日本の課題は経済学から地理学への視座の転換、鉱物系から生命系への産業構造の変革、経済と社会のローカリゼーションにある。

注

（1）中央公論社「世界の名著」『ロックヒューム』中の宮川透訳「統治論」から引用。同書218頁。
（2）鬼頭宏『文明としての江戸システム』（講談社学術文庫）第6章「生活を支えた経済システム」を参照。

第4章　成長から保全へ、フローからストックへ

1　空しく宙に浮いた文明原理の転換

1972年にローマ・クラブが報告『成長の限界』を公刊したときには、大企業の会長など先進諸国のエリートのシンクタンクによる報告だったこともあって、世界的にきわめて大きな反響があった。そして70年代には、経済成長の問題の自然科学的で定量的な分析だったこの報告を文化や思想の領域で補完するような著作も次々に刊行された。先進諸国の経済成長至上主義の社会を文化や思想の角度から批判的に論じたイヴァン・イリッチの『脱学校社会』やエルンスト・シューマッハーの『スモール・イズ・ビューティフル』といった著作は、今日も古びるどころか現在の危機の中でますます重要な著作になってきている。ドル・ショックと石油ショックで先進諸国の繁栄に翳《かげ》りが生じ始めた

70年代は、文明原理の転換が予感された時代でもあった。

しかしながらそうした予感は今日も空しく宙に浮いたままである。ローマ・クラブ報告が刊行されてから約40年をへた今日まで、先進諸国の経済成長至上主義には1ミリの方向転換も生じなかった。それどころか70年代当時には欧米や日本のアメリカ型の繁栄には超然としているように見えた中国やインドが、非欧米型の近代化に挫折したこともあって、今や経済成長至上主義に転向している。そしてリーマン・ショック以後の日本や欧米は、四半期のGDPの成長率が何%になったかで一喜一憂している有様である。ローマ・クラブが「成長の限界」を論じた70年代とは何という様変わりだろう。そして地球温暖化やピーク・オイルで「成長の限界」がもう予測ではなく厳然たる事実になってきた21世紀の世界で、相変わらず経済成長至上主義にカルトのように固執することは一種の集団的狂気ではあるまいか。

しかも考えてみれば、この経済成長信仰はきわめて奇妙な現象なのである。「経済成長」はさほど昔からあった言葉ではない。GDPという経済統計の手法が戦後に普及したことが示すように、この言葉は戦後にアメリカが使い始めたものである。だからケインズやシュンペーターなど戦前の経済学者はこの言葉を使っていない。そして成長は政府に託された人民の要請や希望であるということもできない。世論調査をしてみれば「経済の繁栄より環境保護を重視する」と答える人がつねに圧倒的に多いのである。

じつのところ、先進諸国の政治経済を動かすエリートたちはローマ・クラブ報告を意図的に黙殺したり「成長の限界」を論ずることをタブーにしたわけではない。彼らが報告に正面切って反駁したことは一度もない。問題は、彼らにとって報告の予測があまりにも正確だったこと、しかも報告がコンピューターによるシミュレーションで描き出した文明の危機が予測よりはるかに早く到来してしまったことだった。ローマ・クラブ報告は「客観的なデータから見て先進諸国の経済がこれまでのように成長し続けることは不可能」という警報だったといえる。そして警報による予測された事態に対応できる体制を整えるにはそれなりに時間がかかる。ところがそんな時間的余裕はなかった。報告が刊行された翌年の1973年には第1次石油ショックが発生した。これには第4次中東戦争も絡んでいたが、サウジ・アラビアなど主要産油国がカルテルを結成してイスラエル支持派の先進諸国に対する原油の禁輸に踏み切った根本原因は、ドル・ショックで原油輸出によるドル建て外貨収入が減ったことにあった。産油諸国がこのような強硬策に出ることが可能だったのも、原油はすでに完全に売り手市場になっていたからである。先進国の原油の需要は拡大する一方だった。他方で掘り当てれば良質の原油が自噴してくるような大油田がもう見つからなくなっていた。第1次石油ショックの後、原油価格は一挙に4倍に高騰した。そして原油の供給が不安定化すると、その先物市場に投機資金が介入してきて供給をさらに不安定にする。この第1次石油ショックの後、先進国の企業の収益は低下し始め、以後この低下の傾向が覆ることはなかった。こうして70年代は、繁栄の終わりで経済が低迷する中、原油の高騰で物価が上昇するスタグフレーションの時期になった。

今にして思うと、ローマ・クラブ報告は警報として発令されるタイミングが遅すぎたのである。報告が刊行されたときにはすでに原油の供給は逼迫してきており、世界経済は石油ショックで大混乱に陥る前夜にあった。こうしてローマ・クラブが長期的事態として予測した成長の限界はあっという間に世界が直面する現実になってしまった。70年代にはピーク・オイルはまだ先のことだったが、原油の供給が次第に逼迫してきたために工業経済のエネルギー収支は悪化し始めた。この時期以降の世界経済の低迷と混乱の背景には、このエネルギー収支の悪化がある。そしてこの事態によって最大の打撃を受けたのは金融資本である。これは不可避なことだった。

先に述べたように、現代経済が銀行に対し負債を利子をつけて返済する義務で回っているにもかかわらず破綻を回避してこられた原因は、原油がもたらしたエネルギー収支の余剰にあった。実際「経済成長」という言葉は、銀行マネーの矛盾を原油という魔法の資源で解決し矛盾を先送りするトリックを意味しているといっていい。だから経済の成長率は基本的に原油の消費量に比例する。原油の供給が逼迫すれば経済は否応なく低成長やゼロ成長になる。これが70年代の現実だった。ローマ・クラブが報告を公刊したときまでにすでに世界は成長の限界に達していたのである。

2　マネーゲームの拡大と負の成長

各国のエリートは成長の限界という問題を無視するどころか、この問題に対応して支配の戦略を立て直した。80年代にアメリカのレーガンと英国のサッチャーによって代表された戦略は新自由主義と呼ばれてきたが、実際にはこの戦略にアダム・スミスの古典的自由主義に似たところはまったくない。この戦略の核心は、石油ショックとともに戦後の繁栄は終わったという認識に立って福祉国家を清算すること、そして経済の低成長にもかかわらず金融資本の絶大な影響力を維持することにあった。

豊富で安価な原油が60年代までの戦後の資本主義の安定成長を可能にしてきた。エネルギー収支に余裕があるかぎり、資本にとっても労働組合の交渉権を認容しある程度労働者に富を分配することが市場の拡大、収益の増大をもたらした。だがレーガンとサッチャーは労組の賃上げ要求が物価を上昇させスタグフレーションの要因になっているとして、政権に就くや否や労組との全面的な対決に踏み切り、有力労組のストを完全な敗北に追い込んだ。経済のパイが大きくなればそのおこぼれがすべての階級階層に行き渡った鷹揚な時代は終わったのである。そしてこの時期以来、先進国の経済ははっきりと金融資本の論理で動くようになる。今日の通貨は金の裏づけのない法定通貨であり、富そのものではなく国民の政府への信頼感によって信認されている富の記号である。そしてその記号の増殖には実体経済のような成長の物理的限界はない。それゆえに実体経済は低成長であっても、銀行は通貨を記号として操作するマネーゲームならばいくらでも拡大することができる。

ただし法定通貨の価値を保証しているのは国家の制度的枠組みである以上、銀行は国家をそのマネーゲームに奉仕させねばならない。その結果として、たとえばアメリカではニューディール以来銀行の暴走を予防するために設けられてきたさまざまな制度的安定装置が外され、証券委員会など銀行業の規制に関わる政府機関の権限が骨抜きにされた。そしてウォール街がホワイト・ハウスにその代表を政府の有力閣僚として送り込む中で、アメリカ経済に金融業界が占める比重は50年代の10％台から今日の40％にまで拡大した。この銀行の政治化なしには、アメリカ経済のギャンブル化、メガバンクが投機に走り詐欺同然の多様な金融派生商品を開発して内外で売りまくる異常な事態はありえなかったはずである。

だがこうしたマネーゲームを続けられるのは、人々が低成長経済の現実を忘れ銀行が振りまく儲け話につられている間のことにすぎない。そして銀行マネーが銀行に利子をつけて返済する法的義務のある負債であることに変わりはない。80年代以降の先進国の経済にあった唯一の成長は、企業、国家、家計の銀行に対する負債がうなぎ上りに増えていく負の成長だった。ヴァーチャルな記号のゲームはいずれは低成長という現実にぶつかる。それがリーマン・ショックだった。

先進国のエリートは職業生活から国家財政に至るまですべての制度が成長を前提として設計されている社会で育ち、成長を至上の価値とする教育を受けてきた。だから彼らは石油ショックで不意を打たれても混乱するばかりで成長の限界という問題にどう対応したらいいのかわからなかった。そしてこれ以後今日に至るまで、各国のエリートは成長の限界という問題を前にして事故現場の野次馬のように右往左往しているだけである。

具体的にいうと、資源と環境の問題に対して彼らがやってきたことはマスコミ対策にすぎない。マスコミで何かの問題が大きく取り上げられると大急ぎでもっともらしい法案や協定がつくられ、問題にきちんと対処したかのように見せかける。エリートがやってきたのはそうしたアリバイづくりである。恐ろしいことに、東電の福島原発が北半球全体を危うくしかねない大事故を起こしても、日本政府がやってきたことはアリバイづくりである。エリートに邪悪な意志があるのではない。彼らは混乱しているのである。問題は、彼らが経済成長以外の論理を考えられないように教育されており、そのために現実をありのままに認識できなくなっていることなのだ。

3　成長の限界と和解できない銀行という制度

じつはこのエリートの混乱の中に、「なぜ経済は果てしなく成長することが必要なのか」という問いを解く鍵がある。70年代に先進国を支配する成長神話を批判したイリッチやシューマッハーはこの神話を思想的に失墜させたが、経済を成長に駆り立てる要因については迫ることができずに終わった。

ところがエリートの混乱は意図せずしてこの要因を明るみに出している。石油ショックを転機に世界経済のエネルギー収支が悪化するとともに、世界経済の金融化が始まった。経済成長の物理的条件が消滅するとともに企業、国家、家計の金融資本に対する負債が果てしなく増大する負の経済成長が始まった。この変化によって経済成長の制度的要因は現代経済の金融構造にあることが明白になった。銀行という制度は成長の限界の問題とはけっして和解できないのである。しかも現代の経済は完全な信用経済であり、経済を動かしている通貨の90%以上は銀行が帳簿の上で無から創造して顧客に貸し出している銀行マネーである。したがって経済が銀行マネーで動いているかぎり、資源と環境の危機がいかに深刻化しようと、市場が過剰に生産された商品で溢れ返ろうと、経済は成長し続けるほかはない。

現代経済は、銀行の銀行による銀行のための経済である。この経済の目的は消費者に適切な価格で商品を提供することではなく、銀行が融資した資金が場合によっては元本を上回る利子がついて銀行に戻ってくることである。銀行はこれだけを目的に活動しており、その帳簿以外のすべてのこと、資源や環境の問題はもとより生産と消費、供給と需要の均衡にさえ無関心である。銀行は何も生産しておらず、その収益はたんなる資金の所有に対する寄生的な報酬である。銀行マネーとは労せずして金が金を生むトリック以外の何ものでもない。しかも銀行がこのトリッキーな活動を止めれば通貨は流通しなくなり、経済は全面的に停止してしまう。だから社会は銀行に収益を保証するために絶えず前進し、さらなる経済成長によって銀行に利子をつけて負債を返済しなければならない。この状態では社会にとって経済成長は至上命令であり、成長に代わる目標を選択する自由はどこにも存在しない。銀行マネーが経済を取り仕切っているかぎり、人々はエネルギーを崇拝し経済学を軌範とする文明の囚人なのである。

4　経済デモクラシー確立のための社会信用論

それゆえに文明の在り方を転換させるための第一歩は、通貨制度の根本的な改革である。70年代にイリッチら脱成長論者の著作が広く読まれ環境問題を憂慮する声も高まる一方だったのにその後も社会がまったく変わらなかった原因は、金融資本の問題の欠落にあった。その結果、脱成長論者の議論は道徳的心情的な説教に終わってしまい、変革のための具体的なプログラムを提出できなかった。彼らは、今日の銀行経済の下では、人々に経済と技術の在り方を自由に選択する権利がないことを見落としていた。経済と技術の在り方は究極的には銀行が決定しているのである。メガバンクからの巨額の融資なしに電力会社が原発を建設することはできたであろうか。

そして人々は銀行の巨大な影響力に抵抗することができない。なぜならば彼らには法的で形式的な市民的政治的権利があるだけで、経済に関与する権利はないからである。ごく少数の資産家を除く大半の人々は雇用による所得によって生計を立てている。そして彼らの雇用と所得を究極的に決定しているのはやはり銀行である。経済的な無権利状態という点では、現代人は中世の農奴と大して違わない。だからまず肝心なことは、人々に経済生活に参加し関与する実質的な権利を保証することである。もちろん人々にそうした権利を与えれば文明の性格が自動的、必然的に変わるということはない。だが人々は銀行マネーへの従属から解放されて経済と技術の在り方を自由に選べるようになる。

通貨改革による銀行マネーの廃絶は文明の転換のための条件を創り出す。文明の転換のための第一歩は、経済的デモクラシーの確立なのである。

通貨改革による経済的デモクラシーの実現を最初に提唱したのは、20世紀前半に社会信用論を創始した英国のクリフォード・ヒュー・ダグラス（1879〜1952）である。エンジニアだった彼は工学的手法で資本主義システムの構造的欠陥を分析し、それを是正するための一連の政策を提言した。そして彼の社会信用論は案の定、経済学者には黙殺されたが、今日なお彼ほど適確かつ簡潔に資本主義の下での果てしない経済成長や恐慌の原因を説明できた人間はいない。

ダグラスはケンブリッジ大学で数学を学んだ後、エンジニアとして国の内外で大規模なプロジェクトに関わった。そして第1次大戦中に空軍の少佐としてファーンボロウ航空機工場の会計監査にあたり、そこで企業会計に現われた資本主義の構造的欠陥を発見することになった。

社会信用論には①企業会計の問題、②銀行金融の問題という二つの論点があり、この二つは密接につながっている。企業会計の問題をダグラスはA＋B理論の形で論じた。企業会計のうち勤労者の賃金給与に充てられる部分をAとし、原材料費、部品代、銀行への返済などの対外的支払いと減価償却費として計上される部分をBとする。企業が生産した商品の価格は当然（多少の利潤を加えた）A＋Bである。ところがそれを買う消費者とは勤労者であり彼らはAで受け取った賃金給与以上の購買力をもっていない。A＋B＝商品の価格はA＝購買力よりつねに大きいから、勤労者は企業が生産した商品の一部しか買うことができない。こうして資本主義の下では企業は生産過剰、消費者は所得不足に絶えず苦しむことになり、この矛盾から恐慌が発生する。

前にも述べたが、企業や国家による購買は購買力にはならない。企業の購買は生産費用として計上され商品価格に上乗せされるから、購買力どころか勤労者の消費を圧迫するものになる。また国家による購買は税収にもとづく支出である。税収はその分だけ勤労者が消費に回せる所得が削られたことを意味する。そして均衡財政ならば税収＝支出であるから差し引きゼロで、国家の支出は購買力にはならない。この国家にあえて購買力をもたせようとしたのが、ケインズの赤字財政によるスペンディング・ポリシーである。ケインズは不況で勤労者の消費が落ち込んだ場合には、国家が一時的に均衡財政の原則を無視して消費者の役割を演じる必要があると考えた。だが彼があくまで一時的な窮余の策として提唱した政策を今や先進諸国は国家財政の定石にしており、その結果、国家財政を借金まみれの銀行管理の状態にしてしまった。

そして生産と消費の不均衡を解決するための安直な方策が貿易である。いわゆる〝自由貿易〟によって他国の消費市場を強引に横取りすれば、この不均衡は多少は緩和される。戦後日本は昔も今もこの手口の見本である。１９６０年代の日本は高度経済成長のおかげで失業も少なく庶民にもマイカーや海外旅行が夢ではなくなり一億総中流といわれた。だがこうした繁栄にもかかわらず生産と消費、供給と需要の不均衡は拡大しており、結局この問題はアメリカなどへの集中豪雨的な輸出で解決されることになった。その結果、70年代には日米貿易摩擦が深刻化し、それはアメリカがドル防衛のために日本に円高政策を強要した１９８５年のプラザ合意に帰着した。そしてプラザ合意による人為的な円高は、その後の日本のバブル経済とその破綻による永続的デフレにつながった。

ダグラスの分析に対しては昔から、Bの部分も材料費や部品代を受け取った企業には所得でありその従業員にも所得として分配されるのだからダグラスが指摘する問題は存在しないという、通俗的な貨幣数量説にもとづく反論があった。しかしこの反論は、現代経済の90％以上が銀行から借りた利子つきの負債で動いている事実を忘れている。原材料や部品を製造した企業の収入も、かなりの部分が銀行への返済に充てられる。これらの企業に生産設備を納入した企業も同じである。その結果、前述したように、平均して商品の最終価格の半分が銀行への利払い分ということになる。結局、資本主義の下では私企業の銀行が通貨を管理している以上、すべての所得は銀行から出て銀行に戻るのである。

5　生産と消費の不均衡を是正するベーシック・インカム

こうした資本主義システムの構造的欠陥の分析を踏まえて、社会信用論はそれを是正するための三つの政策を提言する。それは①全国民に対する国民配当（ベーシック・インカム）の支給、②経済の需給ギャップを埋めるための全国一斉のディスカウントの実施、③現行の銀行券に替わる公共通貨ないし政府通貨の発行である。

現代経済の根本問題は、富はすでに充分に生産されているのに銀行が富を資産家層に集中させているために、富がまともに分配されていないことにある。この歪んだ富の分配が生産と消費の不均衡を生み出す。この歪みはベーシック・インカムの支給によって政策的に是正することができる。これは全国民に市民権を根拠に毎月一定の額の基礎所得を生涯にわたり一律無条件に支給するという政策である。幼児と子どもには成人の半分の額を支給することが考えられる。全国民に一律無条件に同額の所得が支給されるのは、福祉ではなく生産と消費の不均衡の是正がこの政策の目的だからである。これによって人々の間に潜在する需要は所得＝購買力に裏づけられた有効需要になる。

だが生産と消費の均衡を実現するためには、所得だけではなく商品の価格の面でも何らかの政策が必要である。そこでダグラスは補償されるディスカウントという政策を提言する。これは、一国の経済において需要と供給の間に統計的に見て20％のギャップがあるとした場合、すべての販売部門が一定の期間に全商品の価格を一律20％引き下げて販売を促進するという政策である。この割引き分は後で政府が公的資金によって販売部門に補償する。もちろんこの政策によっても売れ残る商品はある。だが需給ギャップによってデフレに陥った経済の問題は、消費者が将来のさらなる商品価格の下落を期待して財布の紐を締めてしまうことにある。この政策は、期間を区切り全商品を一律に統計的に根拠のある額でディスカウントすることによって、そうした価格破壊競争、デフレ・スパイラルを予防することを目的にしている。

さらに現代の銀行による銀行のための経済は通貨と信用の在り方の転換によって克服されねばならない。経済の矛盾と混乱の根本原因は、銀行が実体経済の生産と消費の実情におかまいなく私的な損得勘定で通貨の発行と回収をやっていることにある。ダグラスがＡ＋Ｂ理論で示した企業会計の矛盾も、銀行が金の流れを管理しているという問題と別個に存在するものではない。そして銀行が管理する通貨は利子つきの負債である以上、必然的に社会全体が生産した富を富裕層に集中させる。これに対しダグラスは、現行の銀行券に代わり政府が経済運営に必要な量の通貨を公益事業として発行することを提言する。この通貨発行権の公共化は、ベーシック・インカムと並んで人々に経済生活への関与と参加を保証する経済的デモクラシーの実現といえる。

そして肝心なことは、現代ではダグラスの提言が技術的に実行可能になっていることである。17世紀のイングランド銀行に始まる近代の銀行制度は、近代の信用経済がまだ幼稚だった時代の産物である。当時は経済の統計的分析の技術も存在せず、通貨とは金銀の呪物崇拝のことだった。人々は身分や地域ごとに別の社会で暮らし、統合された国民経済はまだ成立せず、国家は特権的資産家層の社交クラブのようなものだった。しかし今日では経済の統計的分析の手法は充分に発達し、通貨は国家が制度として創設した法定通貨であり、政府の経済政策はすべての人の生活に大きな影響を及ぼす。したがって今日では政府が経済の生産、消費、所得といった諸要素を統計的に把握分析し、予測される富の生産に見合う量の通貨を社会に供給することは、技術的には可能になっている。

このように利子のつかない政府通貨の発行によって銀行金融による経済の攪乱を排除することは、政府が本来なすべきことと言える。発行された政府通貨はベーシック・インカムと補償されたディスカウントの財源となるほか、企業にも融資される。この場合、融資された資金は一応返済さるべき負債の形をとるが、これは経済循環のサイクルに即して発行した通貨を回収する技術的必要によるものであり、銀行による容赦ない借金の取り立てとは異なる。返済の条件に関しては事情に応じた協議が可能だろう。それにベーシック・インカムと補償されたディスカウントで消費者の有効需要は確保されている以上、企業が商品の売れ行き不振で破綻する例はそう多くはないだろう。とにかくダグラスの通貨改革案はマネーの性格を変える。マネーには①価値の保蔵、②商品の交換手段、③計算の単位という三つの機能がある。銀行マネーはこの価値保蔵の機能すなわち貯蓄にもとづいている。銀行の預金準備は貯蓄であり、銀行の経営は大企業や資産家層の巨額の預金に左右される。資本主義とはこの貯蓄が投資に回されてさらに私的な富を生むシステムのことであり、こうして金が金を生み富裕層に富が集中するトリックが可能になっている。

銀行業は利子による儲けで成立している。利子とは富の生産に関係がない、人に金を貸す余剰資金をもっている富裕層に対する報酬、労働ではなくたんなる所有に対する報酬である。この富裕層の特権的所有が、銀行業界を介して、銀行が通貨の発行を私的に独占管理していることから生じる利子という制度を生み出す。これは誰かが往来に勝手に関所をつくり通行人からいわれのない通行料を徴収しているようなものである。こんな関所があれば当然、往来上の交通＝経済循環は攪乱される。このように銀行とは、結局国民の１割の特権的富裕層が９割の勤労国民が生み出した富を吸い上げ、少数者に富を集中させるメカニズム以外のなにものでもない。20世紀に各国で中央銀行の制度が確立したことは、富の国家管理が始まったことを意味しているのではなく、少数の超富裕層への富の集中が進行したことを示すものである。

ところが通貨の発行を公共化する社会信用論のシステムでは、マネーはこの価値保蔵の機能を失い、純然たる商品の交換手段になる。通貨の目的は生産された商品が円滑に消費される過程を促進することにある。ここでは通貨は商品が生産され販売される過程とは逆の方向で消費者の手元から販売部門とその商品の仕入れ先の企業を経由して発行元の政府に戻る。ダグラス自身はこうした通貨のあり方を切符に喩《たと》えている。鉄道を利用するには切符の購入が必要だが、乗客が目的地に着いて輸送という目的が達成されれば切符は回収され廃棄される。切符の目的は鉄道の公共的な利用を促進することにある。社会信用論における政府通貨も同じことで、その目的は正確には商品の交換ではなく社会全体が生産した富の公正で効率的な分配にある。マネーの存在理由は巨額の貯蓄の所有者に対する特権的報償ではなく、万人の自由と幸福に寄与する消費と分配なのである。

6　政府通貨を発行する「政府」とはいかなる政府か

しかしながらダグラスの通貨改革論は今日ではほとんど忘れられた思想である。社会信用論は70年代のイリッチやシューマッハーらの脱成長論を具体的な経済政策によって裏打ちすることができたはずなのだが、そのことに気づいた論者はいなかった。だが今日でも資本主義システムがなぜ資源を浪費し環境を破壊しながら果てしない経済成長を続けていかざるをえないのかを、彼ほど見事に説明した人間はいない。ダグラスの理論は30年代大恐慌のあまりにも的確な予言となったので、当時彼は「経済思想のアインシュタイン」とまで呼ばれ世界的にロックスターのような名声を博した。日本でも彼は講演を行ない、その著作は熱心に研究された。にもかかわらず大戦後には彼は完全に忘れられた思想家になってしまった。

このように彼の評価が一変した主な原因は、アメリカが大戦による軍需ブームで完全雇用を実現し一応恐慌を乗り切ったことにあった。だがそれだけではない。社会信用論自体にも問題があった。資本主義システムの構造的欠陥についての彼の分析は的確なもので、リーマン・ショック以後の現在の世界経済の危機も彼が指摘した銀行マネーの矛盾によって説明できる。だが社会信用論は政策の面では具体的な肉づけを欠いており、政策として実行するには細部に不明な点が多い。

たとえば政府通貨の個々の企業への融資は難問である。誰が企業が申請してきた融資の案件を審査し、誰が融資と融資する金額を決定するのか。政府通貨と市場競争の論理を両立させることは可能なのだろうか。現存するすべての企業に一律に融資した場合には市場から退去すべき企業を延命させてしまう危険がある。また現存する有力企業の利益を政府の力で支えることになったりすれば、これは一種のファシズムである。それに特定のマニア向けの商品でビジネスをしている企業に公共的意義のある政府通貨を融資するかどうかという問題もある。明らかに現在の銀行金融をまるごと政府金融に置き換えることには無理があり、銀行マネーを廃絶したとしても民間の資金需要を充たす民間の資本市場は必要である（この問題の解決策としてのイスラム金融については後述する）。

そして社会信用論で何より疑問なのは、政府通貨を発行する「政府」とはいかなる政府なのかという問題である。この「政府」は議会制国家における内閣のことではありえない。もし内閣が通貨発行権をもったならば政府通貨は政権与党の恣意的な利権ばらまきに使われ、経済は大混乱に陥るだろう。だからダグラスも政府通貨を発行する機関を「国家信用局」（ステイト・クレジット・オフィス）と呼んでいる。この機関が「政府」であるのは、国民を代表し社会全体の利益を考慮して通貨を管理するからである。国家信用局は客観的なデータにもとづく国民経済計算によって生産と消費を均衡させるのに必要な通貨を算定し、随時それを社会に供給する。その業務は気象庁が気象を観測して天気予報を出すような主観が入る余地がない技術的なものである。それゆえに気象庁の業務に部外者が介入することがないように、国家信用局の公正中立で技術的な業務に政治家や官僚などが利権がらみで介入することがあってはならない。その業務はあくまで国家全体の利益を代表する超党派的なものでなければならない。

そしてここにダグラスの通貨改革論が空論に終わった理由があった。こうした機関は議会制国家とは両立しえないのである。議会政治の本質は、経済成長が生み出す富の分配をめぐる有力な利権集団間の取引や駆け引きである。この体制の下では党派抗争に超然とした公正中立な国家信用局が存在できる余地はない。ダグラスもこの問題は認識しており、「議会の全能」を批判していた。だが彼は議会制国家に代わる民主的な国家体制を明確で説得力のある形で提示することができなかった。実際はダグラスは通貨改革から出発して国家論の問題にぶつかっていたのである。現代国家は法によって統治される法治国家とされている。だが法は社会生活の枠組みにすぎない。社会生活の中身は経済であり、先述したように銀行マネーがこの経済を動かしている。現代国家は銀行が影の政府として統治している国家である。そして議会も官僚制もデモクラシーの見かけの下に社会の富を富者に集中させる銀行経済の下僕なのである。

したがってこの銀行によって統治される国家をすべての国民が経済的市民権を享受する経済的デモクラシーに変革しないかぎり、政府通貨の発行やベーシック・インカムの実施は不可能だろう。しかし権力が議会と官僚制に集中する今日の国家を権力が広く分散した地方自治体の連合国家に変えていくなら、党派の利権争いを排して自治体間の協議と合意にもとづいて政府通貨を発行することが可能になるだろう。

そして今日では議会制国家を自治体連合国家に徐々に変えていくための条件はすでに存在している。ダグラスの時代は旧ソ連やナチ・ドイツの一党独裁を典型として政党政治の全盛期だった。だが今日では経済成長という政党間の利権争いの前提条件が消滅している。その結果、どの国でも政党政治は空洞化して議会はたんなる野心家による政権争奪のための泥試合の舞台に堕している。この議会制の枠組みのままで政府通貨が発行された場合には、それは政権与党の利権ばらまきに使われ、経済は無政府状態に陥るだろう。だから政府通貨は院外勢力すなわち世論の強烈な圧力によって政党の党利党略を超越した超党派の政策として実現されるほかはない。そしてこの点では、政党政治がすでに崩壊状態であることはむしろプラスである。弱小政党の不安定で無定見な連立政権は世論の圧力にきわめて弱い。そしてインターネットの時代には誰でもネットで発言しネット世論の形成に容易に参加することができる。議会がネット世論に押し切られて通貨金融改革に超党派で合意する可能性はかなり高い。

そして政府通貨は党派政治を超越した憲法の基本原則に即し立憲主義的に発行されるべきである。すなわち政府通貨は、日本国憲法第1条の「天皇は国民統合の象徴である」という原則に即して皇室通貨として発行されることが望ましい。具体的には、国家信用局を法的に皇室直属の機関とし、この機関はあくまで国民統合の原則に忠実に、政治家、官僚、利権団体などの干渉をいっさい排除して皇室通貨の発行と回収を行なう。そしてこれまで述べてきたように、政府通貨とベーシック・インカムは生産と消費をマクロ経済のフローの次元で均衡させる方策として論理的に一体の措置である。政府通貨による銀行経済の廃絶はベーシック・インカムの支給によって補完されなければ片手落ちの政策になるだろう。

7　投資の社会化をもたらすイスラム型金融

そこで、かりに国家信用局が設立され政府通貨が発行されたと想定してみよう。政府通貨は当然まずベーシック・インカムと補償されたディスカウントの実施に充てられる。だが2013年の現時点では20兆~30兆円といわれる需給ギャップがあるので、厖大な額の政府通貨を発行してもインフレが発生する危険はない。それならば政府通貨は、国の安寧のために必要だという国民的合意が得られる大規模プロジェクトにも投入さるべきであろう。

２０１3年の時点でいえば、そうしたプロジェクトとしては東北被災地の復興、原発事故で破綻した地域電力事業独占体制に代わり地域小規模発電をネットワークでつなぐ新たな全国的電力供給体制の構築、予測される南海トラフ地震に対する防災体制の構築などが考えられる。また54基ある原発を廃炉にするための巨額な費用も政府通貨で賄われるほかはなく、これは交付金を失う原発立地自治体の地域振興策にもなる。そして食料自給率を60年代の70％にまで回復させるプロジェクトも考えられよう。

政府通貨は企業にも融資される。この場合は利権の介入や乱脈融資を予防するため、自治体の首長が管轄し自治体職員と議会、住民の代表が構成する融資協議会が融資案件を審査し、公共的意義を認めた事業に融資するシステムが考えられる。またこうした公的融資の対象外の民間金融に関しては、コーランが利子を禁止しているイスラム世界の金融が参考にされていい。

イスラム世界ではコーランが利子を禁止しているので、銀行は融資の際の手数料で基本的な収入を得ている。融資の方式にはさまざまなパターンがあるが、基本的に融資先の事業とはパートナーシップの関係をとり、事業が成功すれば事業2、銀行1の割合で収益を頒《わ》かち合い、事業が失敗すれば銀行もリスクを被る。自らもリスクを被るので銀行は無謀な融資はしない。これに対しアメリカでは、営業拡大競争に走った銀行が返済能力のない低所得層にまで住宅ローンを押し売りしたことがリーマン・ショックの引き金になった。

またイスラム金融では事業に失敗しても資産を差し押さえられる恐れがないので、起業が容易になる。そしてイスラム銀行では銀行と預金者もパートナーシップの関係になるので、銀行の業績に応じて銀行2、預金者1の比率で預金者に配当が支払われる。ここでは預金は投資を意味することになる。銀行の業績によって受け取る配当が異なるので、預金者は自分の銀行がどこにどのような融資をしているのかに関心をもつようになるだろう。そして融資先に疑問のある銀行には預金しないだろう。銀行は他人のカネを勝手に使うことができない。このようにイスラム型の金融は投資の社会化をもたらす可能性がある。

資本主義システムの問題は特権的富裕層が投資する権利を独占し損得勘定だけで投資していることにあるのだから、万人に投資する権利を与えることも経済的デモクラシーの重要な課題である。自治体管轄の融資協議会およびこのイスラム型民間金融によって利子つき負債という銀行マネーは消滅することになるだろう。

そして政府通貨が一度発行されれば、それとすでに流通している銀行券が並存する二重通貨状態がそのまま続くとは考えられない。ベーシック・インカムの支給に使われる政府通貨は当然主軸通貨になり、銀行券は長期的には市場から駆逐されることになるだろう。その間に両者の間に為替相場の差が生じて経済がかなり混乱する可能性がある。だがこの混乱を回避する方策はいろいろある。その一例として東西ドイツ再統一に際して西ドイツがとった通貨政策がある。西のマルクと東のマルクには経済力を反映して以前からレートの差があり、ベルリンの壁の崩壊当時には差は1対10にまで開いていた。だが西ドイツのコール政権はドイツ再統一のための不可避な費用として西と東のマルクを1対1の比率で交換することにし、両ドイツは混乱なく統一された。この方式に従うなら、政府通貨が発行された後の一定期間の間はそれと日銀券は1対1の比率で交換される。おそらくその間に大多数の人々は手持ちの日銀券を政府通貨に交換して日銀券で預金することもなくなり、日銀は市場による淘汰で自動消滅することになるだろう。

8　大量消費社会は平時の戦争経済

ダグラスは第1次大戦で現役軍人だった世代に属する。この戦争は鉄道輸送による各国の軍隊の総動員で始まり、潜水艦、航空機、戦車による戦闘に発展した。鉄道は石炭で動き、潜水艦、航空機、戦車は石油で動く。この戦争は石炭をエネルギー源とする第1次産業革命から石油をエネルギー源とする第2次産業革命への転換を要約していた。そしてダグラスの社会信用論は、20世紀初頭までにこの第1次産業革命が完了したことを反映した経済思想だった。

マルクスが何をいったにせよ、第1次産業革命が先進国の庶民層をそれ以前の生活必需品の恒常的な欠乏状態から解放したことは事実である。それは人々の基本的な必要を充たすという課題を達成した。だからダグラスは経済の課題は生産から分配に移ったと考えた。これ以上生産を重視し続けるこ

の正確な予言になってしまった。そして不幸なことに、この彼の見解は20世紀の世界についての正確な予言になってしまった。大戦後の先進諸国では過剰発展が経済の新たな原則となった。過剰発展の原因はダグラスが指摘していた経済の金融化であり、原油がもたらすエネルギー収支の厖大な余剰がその物理的条件になった。それゆえに第1次産業革命が英国で始まったのに対して、第2次産業革命は当時は主要な産油国でもあったアメリカによって推進された。だが第1次大戦後のアメリカの空前の繁栄を突如終わらせた30年代大恐慌は、経済の金融化の進行によって富が極度に偏って分配され資本主義システムが不安定化した結果だった。そしてアメリカが恐慌を戦争という途方もない浪費によって乗り切ったことは、雇用によってしか富を分配できないシステムは必然的に浪費的破壊的になるというダグラスの分析を裏書きするものだった。

そしてこの点では、第2次大戦後にアメリカから日本など西側世界全体に拡まった豊かな大量消費社会は平時の戦争経済といっていい。過剰発展は人々の基本的必要から生じるものではないから、この経済体制を維持するためにはエリートは大衆の意識を操作する必要がある。戦争にはプロパガンダ、大量消費社会には詐欺まがいの広告宣伝が不可欠である。そしていうまでもなく現代の資源と環境の危機はたんなる人間の欲望ではなく資本主義システムの浪費的破壊的性格に起因している。ここに永らく忘れられた思想だった社会信用論が再評価さるべき理由がある。今日ではピーク・オイル、地球温暖化の脅威、金融資本のグローバルな破綻によって、原油をエネルギー源とする過剰発展経済は完全に終わっている。目下国際金融資本はこの成長の絶対的限界を弱者にツケを回し企業、国家、家計を債務奴隷にすることで乗り切ろうとしているが、これは文明の全面的破局に行き着く狂気の策でしかない。今何よりも必要なのは通貨改革によって金融資本を安楽死させ、浪費的破壊的な経済体制から脱却することである。政府通貨とベーシック・インカムという社会信用論の政策を実施すれば、経済の原則を過剰発展から均衡と安定に変えることができる。

ここで、あらためて社会信用論の課題は経済成長ではなく生産と消費の均衡であることを強調する必要がある。政府通貨の発行はケインズ主義的景気刺激策ではない。生産された富の大きさにかかわりなく政府通貨とベーシック・インカムは、生産された富が円滑に消費されることを可能にする。だから今後ピーク・オイルで原油の産出量が逓減しエネルギー収支が縮小していくとしても、この政策はそれが富の偏在と社会的格差の拡大を生まないように生産と消費の均衡を維持することができる。

9　フローの拡大ではなくストックの充実を志向する経済へ

くり返すが、現代社会の根本的問題は人々の経済的無権利状態である。人々は選挙権など法的形式的な市民権をもっているが、経済生活に関与し参加する経済的市民権をもっていない。だから人々は生活様式や社会生活を左右するテクノロジーの在り方を自由に選択することができない。地元の馴染深い商店街が郊外型大型スーパーのせいで消滅したり都市再開発で由緒ある建物が取り壊されたり地震多発地域に原発が建設されたりするのは人々が投票した結果ではない。現代国家は法治国家とされ、人民に立法府の代表を選挙で選ぶ権利があることを理由にデモクラシーとされている。しかしこのデモクラシーは見かけにすぎず国家の中身ではない。現代ではマネーを動かす者がすべてを動かす。現代国家の実体は銀行が影の政府として統治する金権国家なのである。だからどんな政党が政権に就こうが現実は何も変わらない。

銀行は富を特権的富裕層に集中させ、この層の損得ずくの投資が社会の生活様式とテクノロジーの在り方を決定している。それゆえに現代の課題は経済的人民主権の実現である。社会信用論の政策は政府通貨によって銀行による富の集中を排除し、ベーシック・インカムによって富を個人という究極の単位にまで徹底的に分散させる。この点でベーシック・インカムは経済的市民権を保証する政治的な方策であり、生活保護のような福祉の延長線上にあるものではない。人々が所得不足で購買力がないところにまともな消費者主権はありえない。ベーシック・インカムによって人々の購買力が保証されるならば、商品の購入は消費者主権を実現するための投票行動を意味することになるだろう。こうして経済的デモクラシーは個人の自由と尊厳の原則にもとづいて経済、テクノロジー、生活様式の在り方を自由に選択する権利を人々に与える。ただしそこでは銀行マネーが廃絶されているので、「さらなる経済成長」という選択肢だけは事実上不可能になっている。政府通貨によって生産と消費を均衡させる経済は、自ずとフローの拡大ではなくストックの充実を志向することになるだろう。

経済学と会計学はフローとストックという二つの尺度で現実を量として測定する。フローは「流れ」であり、一定の期間中に量が増減する速度を示す。1年の間に商取引で通貨が支払われた量を示すＧＤＰは典型的なフローの尺度である。他方でストックは「所有物」であり、ある時点で社会が所有しているこれまでに蓄積してきた富の総計を意味している。一国の道路や橋、学校や病院などのインフラは代表的なストックである。会計学ではこのフローとストックの関係にはダムの比喩がよく用いられる。ダムに貯水されている水の量はストックだが、それはときどき放水されるのでストックの維持のためには周囲の山から水が流入する必要がある。この流出と流入がフローである。会計学においてはフローとストックは完全に相関しており、そこからストックを増やすためにはフローの絶えざる拡大が必要という経済成長の論理が出てくる。銀行は経済学ではなくこの会計学の上に成立している制度である。

そして多くの人々が経済におけるフローとストックを混同していることも銀行制度が存続する一因になっている。人々は、銀行は巨大な金庫のようなもので、ストック（預金）を管理しているのだと思いこんでいる。だが銀行の目的は私的な信用の創造という形でフローをつくり出し、このフローを銀行の利益になるように管理することである。このフローの管理という点で銀行は手持ちの金を人に高利で貸しているだけの高利貸とは異なる。また銀行は浅ましく金を溜め込もうとする守銭奴でもない。その目的は、銀行が管理するフローを絶えず拡大することによって経済の全体を銀行の支配下に置くことである。

しかしながらフローを絶えず拡大しなければストックは増えないということは本当だろうか。たとえば農作物の品種改良や栽培方法の改善によって作物の収穫量が増えた場合、これはいわばストックの自然増であってフローの拡大には関係がない。そして文明の歴史をとおしての富の増大は、そのほとんどがこうしたストックの自然増によるものだったと考えられる。そして近代工業文明自体も、その発展を炭田や油田という新たなストックの発見に負うている。しかもフローの拡大が環境という最大の富のストックの破壊に行き着くならば、会計学の論理は完全に破綻する。そしてフローによる絶えざる流入がなければストックを維持できないという議論もおかしい。ストックは手入れや修理、補修や補強によって保全し、その消耗や腐朽の進行を大きく遅らせることができる。会計学にはこのメンテナンスという視点が欠落しているのである。この点ではストックの比喩としてはダムより森林のほうが適切である。森林は定期的な手入れを怠らなければ何世紀にもわたって存続することができる。

10　種、生命環境、国土保全という農の使命

資本主義システムの下でも富をある程度社会に広く分配し、人々を可処分所得のある消費者にすることは必要である。だから銀行は富を特権的富裕層に集中させる一方で富の分配にも配慮するという矛盾したことをやらねばならない。この矛盾を緩和するのは完全雇用である。雇用によって所得を分配する経済では、完全雇用が実現すれば富の集中と分配の矛盾はある程度緩和される。だが完全雇用の実現のためには経済の規模が幾何級数的に拡大成長しなければならない。だから銀行経済には果て

しない経済成長以外の選択はありえない。しかし政府通貨によって生産と消費を均衡させせベーシック・インカムによって人々に所得を保証する経済では、経済の原則は成長からストックのメンテナンスに変わる。この経済では貨幣的なフローの拡大ではなく、自然の豊かさ、都市の景観、居住環境などストックの充実と保全が豊かさの基準になる。

そこでは人々は質のよい堅牢なものを少量生産し、丹念な手入れと修理によって摩耗や腐食を遅らせて可能なかぎり長く使おうとする。これは当然低エネ省資源の社会を生み、これはエントロピーの増大をできるだけ抑制するという地理学的文明の課題と一致する。だからストック（資産）の保全を重視することはたんなる経済政策ではない。フローの成長に専念する経済は近代の輸送の文明が生んだものである。これに対し地理学を軌範とする文明においては、メンテナンスはたんなる経済原則を超えて文明それ自体の性格となる。

この文明の根本的な課題は、何よりも人類を種として保全することである。種の保全という視点からは当然、生命環境の保全が最優先事項になる。だが種の保全はたんに人類の生物学的存続を意味するものではなく、人間を人間の本分に即して保全することでもなければならない。この点では、たとえば教育と医療の在り方は人間を人間らしく維持保全するという視点から再考されるだろう。文明の現状においては、教育の目的は経済成長に奉仕する労働力の養成、医療の目的はそのための労働力の修理とされている。だが人間のメンテナンスとしての教育と医療は、英才教育ではなく世代をとおして国の高い文化水準を保つこと、先端医療よりは予防医学によって国民全体の健康の質を維持することに重点を置くことになるだろう。

そしてメンテナンスという文明の課題の中心にあるのが国土の保全という課題である。先に述べたように農の使命は国土の保全にあり、食料の生産はその副産物と考えたほうがよい。しかし日本では明治以後の近代化の中で伝統的な野良仕事は主に食料生産に特化した「農業」という産業の一分野と考えられるようになった。そして現代人は近代的な偏見から近代以前の社会を農業という限られた産業基盤しかもたない貧窮した社会、欠乏に苦しんだ社会とみなしがちである。だが富裕さと豊饒は同じものではない。日本人の生活感情から日本の詩歌や芸術にまで行き渡っている季節の感覚が示しているように、かつて農は生業であると同時に美学でもあった。おそらくモラルや哲学でもあった。多くの文明において宗教は太陽と大地の恵みに対する感謝から生まれている。ユダヤ教の神は自然の外にあって歴史を司る唯一神だが、この農本的要素がきわめて希薄な神ですら人々に乳と蜜の流れる土地を与えることを約束している。神の律法を守ることに対する報いは稔り豊かな国土である。人類が世界各地で定住して農耕を始めた新石器時代以来、文明は農の文明として発展してきた。農は産業の一分野ではなく文明そのものの原理だった。そして地理学的文明においては、農はより高い次元で再び文明の原理になるだろう。農業は国土を保全することで人類を種として保全する。地理学的文明においては、農業という営みはストックのメンテナンスという文明の課題に対する普遍的な模範になる。そして地理学的文明は化石燃料がもたらすエネルギーを消尽する経済学的文明と反対にエントロピーの抑制を課題にするのだから、生命系を保全する農業は産業の在り方の基準になる。これはたんなる伝統的農業社会への復帰ではない。コロンブスの航海とともに始まった近代文明は、輸送の文明であると同時に科学的知識を科学としては評価せず資本として濫用するような文明でもあった。このために科学は恐るべき破壊と荒廃の原因になった。これに対し地理学的文明は、地理学、生態学、熱力学の科学的洞察に立脚して農を再び文明の原理に据える。

このような科学に根拠をもつ文明の原理、文明を支える生産全般の秩序を意味している点で、「農」は産業の一分野としての「農業」とは次元を異にする。そして地理学、生態学、熱力学に依拠したその自然像は、太陽と大地の恵みへの感謝から生まれた古代人の信仰と驚くほど似ている。古代神話の世界が復活してくる。そこでは太陽がもたらすエネルギーを享受する地球だけが唯一の生産者であり、人間はこの生産に助力しているにすぎない。そして人間が用いるさまざまな道具や技術は、この助力し介添するという人間の役割に奉仕するものである。こうして近代の経済学的文明における資本―労働―土地という生産の序列は、地理学的文明においては自然―人間―資本という序列に逆転する。人間は何も生産していない。その労働は宇宙に充満するエネルギーの形態を多種多様に転換しているだけである。だから人間が働くのはたんに生存するためではなく、宇宙における人間の地位を理解するためである。そして「農」は生産の秩序の逆転、文明の様態の転換、人類の思想の刷新を推進する原理にほかならない。

これが農についての新しい展望である。

補論　状況への発言

1　村の自治、都市と国家の民主主義
——惣村自治の記憶が掘り起こされるとき（2003年8月）

（1）ヒトラーは村長になれたか？

アドルフ・ヒトラーは、国政選挙を舞台に独裁者になることができた。しかし彼がドイツのどこかの村で村長選挙に立候補したらどうだったろうか。ひたすらヴェルサイユ条約とユダヤ人を攻撃する演説を街頭でがなり立てるだけの男に村民は票を入れただろうか。

ヴェルサイユ条約を不当と感じている村民もいただろう。しかし条約の評価はどうであれ、村の橋

や道路の補修、小学校の教員の採用、老人世帯のための暖房費の援助といった「些末なこと」に何の関心ももたない村長候補に彼らは票を入れただろうか。村に住むユダヤ系の商店主に偏見をもっている村民もいたかもしれない。しかし彼らは狭い村でこの商店主と顔見知りであり、商店主が仕入れてくる酒や魚の燻製なしにはクリスマスや復活祭を祝うこともできないのである。だからこの商店主が世界征服の陰謀を企んでいると聞かされても、どうにも信じられない。

村ではヒトラー候補は間違いなく落選である。村民は村の実情に通じ何が村の共通の利益であるかも認識しているから、生活者として村政を判断する。村政にも情実や汚職といった問題はありうるだろうが、デマゴギーだけは通用しない。

こうした生活者の良識は、独裁政治に対する効果的な歯止めになる。だからこそ1933年に政権を握ったナチスはただちに左翼政党や労働組合、社会団体と並んで地方自治体に対する攻撃を開始し、分権的だったワイマール共和国の体制を骨抜きにしてドイツの市町村をナチスの地区指導者（ガウライター）の指揮下に置いてしまった。ヒトラーはひとえにヴェルサイユ条約およびユダヤ人の裏切りと陰謀をなじることで政権の座に就いた。

恐ろしいことに、国政の次元では純然たるデマゴギーによる政治が可能なのであり、冷静で賢明な政治家よりデマゴーグのほうが有利なことも少なくないのである。

しかもこれは過去の話ではない。アメリカのブッシュ政権はイスラム過激派によるとされる9・11のテロ以来、一貫してデマゴギーによる政治を行なっている。衰退しつつある過激派集団アルカイーダの存在は真珠湾攻撃や旧ソ連の戦略ミサイル並みの脅威に誇張され、それを口実にアメリカは国連と国際法を無視した軍事的単独行動に乗り出し、国内では大統領に対する異論を封じこめる大政翼賛体制をつくりあげた。

そしてブッシュ政権は9・11のテロに無関係なイラクに対し、大量破壊兵器でアメリカを攻撃しようとしているというさらなるデマゴギーにもとづいて侵略戦争を決行したが、これはユダヤ人を攻撃していたヒトラーが一転して旧ソ連を先制攻撃したことにそっくりである。

しかし問題は、世論調査によればこのブッシュ政権を今なお70％のアメリカ国民が支持していることにある。この支持率の背景には、大半のアメリカの庶民がなぜアメリカがテロ攻撃の対象になるのか理由がさっぱりわからず心理的にパニック状態になっていることがある。先進国アメリカのイメージと異なり、大半のアメリカの庶民は海外どころか国内の他の州にさえろくに行ったことがなく、読んでいる新聞は地元の冠婚葬祭が大きく扱われる地方紙で、外国のことには基本的に無関心である。

それゆえにアメリカでは外交や軍事は伝統的に東部の権力エリートや知識人の関心事だったのだが、9・11のテロはこのエリートと庶民の間の情報や認識の落差を浮き彫りにすることになった。そして一部の心ある知識人の憂慮をよそに、パニック状態に陥った庶民をホワイトハウスがデマゴギーでたやすく操作できる状況が生まれてしまった。

(2) 人間が理解できる共同体の規模

アメリカ人も、その政見といえばテロ対策だけという人物を村長に選ぶことはないだろう。だが国政の次元では、彼らもかつてのドイツ人と同じようにデマに幻惑され、マス・ヒステリーに陥った。こうした現実は、民主主義の実効性をきわめて疑わしいものにすると言うほかはない。

市民の良識ある判断を信頼することなしには民主主義は成り立たない。そこでは、市民が社会の実情をある程度まで的確に理解していることが前提になっている。しかしながら人間が理解できる共同体の規模には、一定の限界があるのではないだろうか。そして共同体の規模がその限界を越えると、人々が事実とデマゴギーを見分けるのが困難になるのではあるまいか。「デモクラシー」という言葉をつくり出した古代ギリシャのポリスが、いずれもせいぜい人口15万人以下の大きさだったことは偶然ではないかもしれないのだ。

もちろんこうした疑問に対しては、人々の知識や情報の不足は学者や評論家あるいはマスコミが補うことができると反論することはできよう。しかし民主主義の根幹をなすものは、普通の人々の良識への信頼である。それに代わって学者や専門家による分析や助言が重視される体制は、民主的とはいえない。いや、それだけではない。学者には専門知識はあるかもしれないが、そのことは学者が庶民よりも世界の実情に通じていることを保証するものではない。国際政治や世界経済の実態は、結局は生身の人間にすぎない学者の理解力を凌駕している。ゆえに専門家による分析や助言はきわめて恣意的でデマゴギーまがいのものでありうるし、それが「学問」の名で尊重されるならば民主主義にとって危険な事態が生じることになる。

マスコミにおいても同じことである。今日のマスコミは、人工衛星などを使って地球の裏側で起きたことを瞬時に報道するテクノロジーをもっているかもしれない。しかしテクノロジーの進歩は、マスコミ人の理解力の拡大を保証してはいない。実際、マスコミ人は往々事実ではなくイメージにもとづいて報道することがあり、その結果、たとえ御用マスコミでなくとも、マスコミは確かなニュースとともに錯覚やデマを世にまき散らすことになる。

(3) 都市化と工業化の衝撃から生まれた民主主義

近代の歴史は、スイス連邦のような例外はあるが、概して中央集権的な国家権力の拡大の歴史だった。この拡大は民主主義を条件として正当化されてきた。そしてベルリンの壁の崩壊で東側諸国の一党独裁体制が否定されてからは、議会制、普通選挙、複数政党制に要約される民主主義は、規制なき市場経済と並んで泣く子も黙る時代の合言葉になった観がある。昨今のアメリカの傍若無人な単独行動主義を正当化している歌い文句も「民主主義」である。

しかし先述したように、人間がまともに理解できる共同体の規模には限界があるのだとしたら、巨大な集権的国家権力を正当化しているこの「民主主義」なるものは空中楼閣にすぎないのではあるまいか。それは権力エリートの勝手な所業に「人民の同意」という見せかけの熨斗《のし》をつけているだけなのではあるまいか。

ヨーロッパの伝統的な政治理論においては、民主制は王制や貴族制と対比されて多数者である人民による支配とみなされ、不可能な理想あるいは危険な衆愚政治として概して否定的に評価されてきた。ところがこの言葉が19世紀以降、いきなり革命運動や政治改革の合言葉になったのは、社会学的な理由による。産業革命以来の都市化と工業化の進行は、すべての人々の境遇や生活設計が国家の政策によって大きく左右される社会状況をもたらした。それゆえに、近代化の進んだ国々で普通の人々が自分たちの要求や意向が国家の政策に影響を及ぼすような政治体制を求めたのは当然のことだった。

この意味で近代の民主主義はイデオロギーではなく社会学的事実が生んだものといえる。したがって、民主主義を特定の価値や信念の産物とみなして非難したり否認したりすることは不可能である。すでに19世紀初めにトクヴィルが気づいていたように、民主主義は価値ではなく事実を表現しているのである。しかし民主主義が都市化と工業化の衝撃に対する普通の人々の反応から生まれたことが、由々しい問題を惹き起こす。

ロックのような自由主義者は市民相互の社会契約による政治社会の創造を説いたが、近代の民主主義においては権力エリートの決定に対する市民の承認と同意が強調されるようになった。国家の民主化とともに人々は自らを次第に国家の受益者とみなすようになり、自分たちの利益や意向が配慮されることを条件としてエリートの決定を受け入れた。その場合、民主主義が独裁と区別されるのは、前者においては議会、選挙、政党の選択が人民の同意を制度化し、それがエリートの決定を正当なものにするとされていることにある。

このように同意を民主主義の要とする考え方の原型は『リヴァイアサン』の著者ホッブズにみられる。ホッブズは絶対主義どころかむしろ透徹した民主主義の理論家といっていい。彼によれば、人間は絶対的に平等である。そして絶対的に平等であるがゆえに人々の間では善悪正邪の判断をめぐって果てしない争いが発生し、社会は「人は互いに狼である」ような無秩序状態に陥る。そのため政治社会の創設が必要になるが、それはあくまで個人の自然権を基礎として創設されるものでなければならない。そこでホッブズは、人々の争いの根底には自分の生存を確実にし勤労の成果を享受したいという一般的な欲望があることを指摘する。

してみれば、国家がそうした欲望の充足を目標にすることを条件として万人が主権者に善悪正邪の判断を委ねることに同意するなら、個人の自然権から出発し大衆の福祉の形でそれを実質的に実現するような政治社会が誕生することになる。

このように国家の権威を人民の同意によって根拠づけた点で、ホッブズは民主的な思想家である。そして近代国家は、このホッブズの論理に即してその権力を拡大してきた。人民の同意だけが強調されるならば、エリートの独断専行とそれに従う市民の受動性は民主主義と矛盾しないのである。

そして20世紀の歴史を振り返れば、人民の同意なるものは権力者のパワーゲームを抑止できなかったばかりか、それを促進したりゲームと一体化したりしてきたことは明らかだ。人間に理解できる共同体の規模という観点からすれば、たとえば庶民にとって国際政治は理解を絶するグロテスクな妖怪変化の世界の出来事といっていい。そして不幸なことに前世紀は、世界市場の成熟を背景に、かつてなく国際政治が庶民の生活を支配し揺さぶった時代だった。

そこからどんな事態が生じてきたか。国際政治は、少数のエリートによる非行と陰謀とペテンの記録だったといっても過言ではない。国際的な暴走は、戦前の日本の軍部だけのお家芸ではなかった。大衆には理解できない事柄であったために、権力エリートは国際政治においてはその偏見や虚栄心、独善や恐怖感にもとづいて思う存分パワーゲームにふけることができた。彼らはその非行を人民により抑制されなかっただけでなく、自分を国家の受益者と思いこんでいる人民の一国民主主義によって支持され励まされたし、また民主主義は戦時における国民の総動員を容易にした。

ヨーロッパの植民地主義を代表する国家だった英国、フランス、オランダが本国においては先進的な民主主義国であったことに矛盾はなかった。そして民主主義のチャンピオンを自負するアメリカがきわめて好戦的な国であることにも矛盾はない。ブッシュが次の大統領選での勝利を確実にするために選挙キャンペーンの一環としてイラク国民をクラスター爆弾で殺傷することも、民主主義の枠内でのことなのである。

国際政治に関しては人民は基本的に五里霧中なのだから、人民の同意がエリートの非行や愚挙の歯止めになることはできない。

(4) 民主化のための戦争

近年、資本、商品、情報が自由に国境を越えて移動するグローバリゼーションが国家主権を相対化したとか民族国家の時代は終焉したといった議論を耳にするようになった。ところが実際に起きていることは民族国家の終焉などではなく、民主主義の深まりゆく危機なのである。

なるほど今日の世界経済の動態はどんな国家も統制できないグローバルなものではある。しかしこれも権力エリートが変動相場制や金融の規制緩和をはじめとして、こうした現実が出現するように政策を積み重ねてきたことの結果である。

つまりグローバリゼーションは、エリートがますます国家権力を私物化し、近代国家の正統性の基盤である「民族」を否認し、国家をもっぱら自分たちの利害と影響力の拡大のために使うようになった状況を示している。

もちろん、ドルの下落がアメリカがグローバルな地位を失いつつあることを示唆しているように、グローバリゼーションがエリートの意図と食い違う副作用を生じさせることはありうる。しかし総体的には、グローバリゼーションの現状は国際政治におけるエリートの非行、陰謀、ペテンが国際経済の領域にまで拡大したものというしかない。

グローバル化の時代には万能の市場がどんな問題も自動的に解決するという90年代にもてはやされた議論は、このスキャンダルを隠蔽するための議論だったのだろう。そして市場万能どころか、スキャンダラスなグローバリゼーションを維持していくためには、エリートがそのための管制高地として国家権力を掌握していることが不可欠になる。

だからアメリカの動向が、9・11のテロを契機にレーガンの小さな国家からブッシュのほとんどファッショ的な強い国家に一変したことも不思議ではない。そしてグローバリゼーションとその中でのアメリカの地位を守るためのアフガンやイラクにおける戦争は、アメリカ国民を納得させようと「民主化のための戦争」と銘打たれている。

(5) 自治が育てる討議の習慣

民主主義には社会学的な根拠があるのだから、これに異を唱えても始まらない。しかし問題は、過去2世紀の民主主義の歴史が自治の理想とは正反対で、むしろこの理想を踏みにじるものだったことにある。しかも現代人は、自治が重要である理由を正しく理解しているとはいえない。

たとえばその例として、自治を他者による干渉がないこととみなす見解がある。こうした見解は当事者の利益は当事者自身がもっとも正しく認識しているという信条に大抵結びついており、そこから住民投票のような直接民主主義が自治の究極の理想として評価されることになる。しかし他者の干渉からプライヴァシーを守ることを重視するのは、自由主義の思想である。また当事者は自身の利益を正しく認識できるという見解は、系譜的には功利主義のものである。どちらも自治の理念とは関係がない。

そこでヒトラーが村長になり損なう理由を改めて考えてみよう。それは、ユダヤ人の迫害が村の利益になるかどうかを村民が村の実情に照らし合わせて検討することができ、場合によっては具体的な証拠に依拠してヒトラー候補に反論できるからなのである。自治が可能にするのは、こうした着実な討議による政治である。

実際ヒトラーの扇情的な演説は、討議の習慣の対極にある。そして民主主義につきまとうデマゴギーの危険も、その原因は自治が育てる討議の習慣の欠如にある。もちろん自治を享受している人々もさまざまな間違いを犯すだろうが、自治は証拠や事実の探求によって間違いを修正する機会を与えている。言い換えれば自治は、対等な資格で政治に関与する人々の間における「学習過程としての政治」を実現するのである。民主主義が人々を受動的な国民にする傾向があるのに対して、自治は人々を能動的な公民にするが、そこに現われるのは選挙運動で駆けずり回ることとは異なる学習する存在の能動性である。

そして各地で制定する自治体が増えてきた住民投票制度が評価さるべきなのも、それが積極的に討議する住民を育てるからにほかならない。

(6) 村を超える社会で自治は可能か

だが人間が理解できる共同体の規模には限界があるとすれば、村の大きさを超えた社会でいったい自治は可能なのだろうか。この問いに対する答えは、二つある。それは教育と連邦制である。

まず教育は、人間の生来の限られた体験や理解力を拡大補足し、また異質な他者を理解しようとする開かれた態度という意味での寛容を世の規範とすることに努めねばならない。こうして自治の理想からすれば、現代における教育の意義は深く政治的なのである。

第二に、市町村のレベルで討議による自治の習慣をしっかりと身につけた人々は、おそらく国政のレベルでも間違った判断をしたりデマに惑わされたりする確率は低いだろう。

しかしそうした政治が実現するためには、国家が「下から上へ」の形で自治体の連邦として組織されていることが条件になる。そして自治体には可能なかぎりの自治権が与えられていなければならない。そうすれば人々は、国政の在り方を市町村の自治の延長として理解するようになるだろう。

それでは国際政治にはどう対処したらいいのか。一つには、スイスのような行き方が考えられる。永世中立国として国際政治に関してはあくまで局外者に留まるというのが、スイスの選択である。ただし国際政治は遠ざけても、国際社会に対しては赤十字の活動、国連機関や国際会議への場所の提供などで貢献するのである。

デマゴギーがまかり通る国際政治への不信感が強いスイス人は、第2次大戦中も当然中立を貫いたが、昨今のアメリカを見れば、単純にナチを悪玉、アメリカを善玉としなかった彼らの態度も理解できる。そしてこのスイスの行き方をやはり例外とするのであれば、アメリカの暴挙で危機に瀕している国連を何とか人類社会の窮極の自治組織として立て直す方策を模索するしかない。

ところで、私が人民の同意を強調する民主主義に対比して自治の理想と呼んできたものは、歴史的には共和主義の理想にほかならなかった。共和主義はたんに君主制の否定や人民主権で定義されるものではなく、その思想的な核心は自治なのである。

モンテスキューは『法の精神』で共和制の原理を美徳としたが、それは不断の学習により自らを律する市民の姿勢を意味していた。そして同じくモンテスキューによれば、共和制は公益が市民にとり身近なものとして感得され認識されている小規模な国においてしか実現されえない。それゆえに共和制の原理に立って大きな国をつくろうとする場合には、それは小国をつなぎ合わせた連邦制国家でなければならない。そして彼が共和制の下でこそ教育がその力を最大限に発揮するとしていることは、共和的自治とは市民の学習過程であることに一致している。

じつは近代の民主主義は、この共和主義の理想の挫折から生じたものである。フランス革命は当初は共和主義の理想に熱狂しながら、人民が同意可能な中央集権国家の創設という課題に落着した。アメリカはニューイングランド植民地のタウンシップの自治に支えられて独立しながら、その後の国土の拡大と経済発展の過程で自治の伝統を形骸化させてしまった。そして20世紀には民主主義は大衆を総力戦に動員するプロパガンダに堕する一方、自治の理想はほとんど忘れ去られた。

しかし皮肉なことに、ベルリンの壁の崩壊、東欧の民主化からイラク戦争までの民主主義が金科玉条とされたまさにその間に、どの国でもエリートの傲岸と腐敗に対する人々の不信と怒りはかつてなく深まったように思われる。自治こそ人民の理想であるとともに現代の切実な諸問題の解決策なのだ。それゆえに、あらためて民の名で自治を求める大きなうねりが、21世紀の政治のドラマを構成することになるだろう。

（7）生き続ける徳川時代の惣村自治

そして歴史を遡ってみれば、日本人は惣村自治という世界的にも屈指の自治の伝統をもっていたのではなかったか。

徳川時代の農民は幕府や藩の役人の苛斂誅求にあえぐ農奴のような存在だったという幕藩体制の建て前を鵜呑みにした旧説は、斥けられねばならない。

中世末期の荘園制の崩壊から生まれた惣村は、年貢上納の義務以外には世界でも稀な広汎な自治を享受していた。そこでは早くから村極めという村法がつくられ、寄り合いで合議による村政が実施され、後には村の代表が村民の互選や籤《くじ》や入れ札という選挙で選ばれたこともあった。

日本人は封建的で権威に盲従し自治の気概や法の尊重に欠けるという旧来の日本人観は、明治以来天皇制国家がこの豊かな伝統の断絶と忘却をもたらした歴史を直視していないのである。だがこの伝統は、今も地下水脈のようにひそかに生き続けているはずである。

そして惣村自治の記憶が掘り起こされ新たな形で蘇るとき、万事に行き詰まったかに見えるこの国が戦後民主主義の限界を超えて立ち直る道が開けてくるだろう。

2　「番組小学校」に結実した京都・町衆の自治の精神（2006年11月）

（1）教育における「上からの近代化」

古代の都市国家にくらべて近代国家の規模がかなり大きいのはなぜだろうか。民族主義の研究で知られる英国のアーネスト・ゲルナーによれば、それは学校制度が近代国家の要だからである。それゆえに国家は最小限、学校を財政的に維持できる規模の大きさをもたねばならない。そして明治国家の政策は、この見解の正しさを裏書きしている。徴兵令、学制と並んで近代日本国家の支柱となった明治の市制町村制は、小学校設立の義務と一体のものだったのである。

しかも明治政府の政策には、強引な「上からの近代化」の特徴がはっきり表われていた。政府は学校設立を義務としながら、設立と運営の費用を住民と自治体に負担させ、その一方で教育内容の国家主義的な規格化を推進していった。だがこの政策は、地域住民の意向をある程度斟酌《しんしゃく》することを政府に強いたともいえる。そしてこれ以後、教育内容の規格化を徹底させるとともに学校を地域から切り離すことが国家の教育政策の目標となった。昨今、保守派や文部科学省が教育改革の錦の御旗にしている教育自由化論は、この明治以来の政策の延長線上にあるものと見なければならない。

学区規制を緩和し子どもと親が学校を選択する自由を拡大すれば、学校間の競争が促進され公立校は荒廃から立ち直ると自由化論者は言う。こうした議論の前提になっているのは、国家による教育の規格化が完了していることである。だから学童には、似たような学校を比較検討し、わずかなグレードの差で志望校を選ぶというううつろな自由があるにすぎず、学校のほうも教育の質や独自性ではなく、生徒集めという量的な目標で競争することになる。また都市部では私立の中学や高校を選ぶ家庭が増えているが、これも私立が公立とほとんど見分けがつかない教育をやっているから可能な選択であり、両者はもっぱら生徒の出身階層で違っているだけである。自由の名で正当化されているのは教育の独自性や多様性ではなく、国家規格によってパッケージされた教育なのである。

そして学区制だが、これは行政による硬直した規制の一例なのであろうか。まず子どもは精神的な白紙状態で学校に入ってくるのではないことに注意する必要がある。子どもは入学以前にすでに家族や地域環境によって何らかの形で教育されている。そしてこの教育は、教師が生徒を将来の市民として育成していくための基礎や手がかりになる。

その意味で地域は子どもにとってたんなる地点ではなく、「住む」という人間にとりもっとも基本的な事柄を学習する場なのである。そして地域との生けるつながりを失うと学校は収容所に似てくる。校内暴力が多発するのは、大都市近郊の新設校といった新旧住民が雑然と混住して地域のまとまりに欠ける土地にあって、地域とのつながりが乏しい学校であることはよく知られている。

(2) 京都「番組《ばんぐみ》小学校」に見る「もうひとつの近代化」

先述したように公教育は近代国家の要である。もしそうなら、地域の住民がその自治の一環として学校をつくり運営し、子どもたちを、地域の遺産をまもりその発展に貢献する市民として育てあげるという「もうひとつの近代化」はありえなかったであろうか。そうした教育によって東京一極集中ではなく地域の個性と多様性を生命とする国家をつくり出すことは不可能だったであろうか。

いや、ここで私は夢や理想を語っているのではない。国家による学制発布に3年も先立つ明治2年に日本で最初に誕生した小学校、京都の「番組小学校」のことを想起しているのである。

幕末の勤王佐幕の抗争で騒然とした京都にも新時代の到来を予感していた町衆の寄合があった。画家、書家、香具商など市井の知識人からなるこの寄合は、福沢諭吉の『西洋事情』を読んで影響を受け、寺子屋の時代は終わり福沢のいう「小学校」をつくるべきときがきたと考えた。そして寄合を代表して寺子屋を営む西谷良圃が慶応4（1868）年に京都府に「小学校建設の急務」と題する口上書を提出したことがきっかけとなり、京都の以前からの地域区分である町組を基盤に小学校を設立する動きが始まった。

京都では道をはさんだ両側の地域を「町」とする習慣があったが、こうした町が20以上連合したものが「町組」である。そして維新後、京都府による2度の改正で新たに番組となった町組を「学区」として、学制発布に先立ち、64もの番組小学校が生まれることになった。明治政府が布いた学区制はフランス直輸入のものだったが、京都では16世紀以来の歴史をもつ地域単位がそのまま学区になったのである。

府からの貸付金も出たが、学校の建設は基本的には建設用地も含めて地元民の寄付によった。学校の運営費に関しては寄付のほかに、住民から「竈金《かまどきん》」を徴収して小学校会社という金融基金を設け、その利子を学校の運営費に充てた。この竈金は子どものいない所帯も分担し、それが学校を地域の財産とみる気風を育てたという。そして住民は校舎改築の費用などを再三寄付で賄い、また教育会を組織するなどして学校を支えた。こうして京都の学区は昭和16年の国民学校令で廃止されるまで独自の財源をもって教育費を自ら負担する慣習を残し、今日でも京都市民と小学校の関係には独特なものがある。

京都の子どもは6歳でこの番組小学校に入学し、寺子屋教育からは面目を一新した教科を学んだ。当時のカリキュラムを見ると、読み書き、習字、算術などのほかに国際法や世界地理が教えられており、当時の古都にみなぎっていた開国の気運が偲ばれる。「修身」は公衆衛生の科目だった。

しかし番組小学校がたんなる学校ではなかったことも強調しておかねばならない。学校には教室に附随して町役溜、出勤場、講堂などがあり、学区をパトロールする警邏隊《けいらたい》の屯所、戸長や町役が行政庶務をする役所、種痘などをする保健所を兼ね、また講堂は町組の公民館として使われた。さらに学校は消防署でもあり、その屋根には火の見櫓《やぐら》がそびえ、半鐘で住民に時刻を知らせた。学校はまぎれもないコミュニティの中心だった。こうして町組ごとの小学校の設立は、従来からの地域のつながりがはっきりと住民の組織的な自治に発展する契機になったのである。

（3）地域的な自治と団結なしに国土の整った発展はありえない

京都における町衆の自治の歴史は古い。応仁の乱（1467～77年）以降、京における公家と武家双方の影響力が衰え、商工業を担う町衆がその空白を埋めたこと、たび重なる戦乱や土一揆の脅威に対して住民が自衛する必要があったことなどがその背景にあるだろう。そして徳川時代の京都には幕府直轄領だったせいで藩校がなく、その代わりに心学や洋学の塾など町民のための多種多様な民間教育施設がひしめき合うことになった。

このような民間教育の中心地だったことも、京都が全国に先駆けて小学校が市民の創意と負担で設立される土地になった一因だろう。しかしながら番組小学校に結実した町衆の自治の精神は、京都が直面していたかつてない危機の中で、あらためて発揮されたものでもあった。

維新直後の東京遷都によって京都は天皇を奪われた。天皇と公家は古都の千年来の老舗と家職の文化を象徴する存在であり、「京都」とは本来天子のおはす土地を意味する漢語なのだから、これは都市の個性と存在理由を剥奪されたに等しい事態だった。その結果、明治初年の京都はかつて40万あった人口が半分近くに減り、衰退の一途をたどっていた。

だが京都は平安京の昔から都市計画が生んだ町だった。そして町衆の自治の精神は、京都を近代的な都市計画によって再生させようという試みの中で新たに発揮されることになった。もちろん当時の人々は都市計画という言葉など知らなかった。だが町衆の事実上の都市計画は文物両面にわたる包括的なもので、その文化的側面が番組小学校、物質的側面が琵琶湖の水を京都に引き地域的水力発電にも利用することで京都を産業都市として復活させた琵琶湖疏水だった。

番組小学校には京都文化の保全とさらなる発展がかけられていた。その教室はまるで豪邸のように京の工芸品で飾られ、その中で子どもたちは西陣織の町にふさわしく日本画の基本を学んだ。その結果、番組小学校からは著名な美術家を輩出することになったが、より重要なことは、こうした教育によって一般の京都市民が古都ならではの美意識を身につけることになったことである。古都の美意識こそ京都の最大の資産であり、それは計画的な教育なしには失われてしまったかもしれない資産なのである。ゆえに京都が今日なお古都の美しい面影を保っている原因を、たんなる伝統の重みに帰することはできない。それは番組小学校と琵琶湖疏水という、市民自治の精神に支えられた都市計画の、目もあやな成果なのである。

そして問題は、この京都の事例を長らく日本の文化的首都だった都市だけに可能だったユニークで例外的な出来事として片づけてしまってよいかどうかである。京都は、官僚主導で東京一極集中に行き着いた上からの近代化とは異質な、市民の地域的自治にもとづく下からの近代化の模範的な実例なのではあるまいか。近代日本の社会は共同体の秩序か個人の自由かという二律背反に引き裂かれてきたが、コミュニティは与件ではなく個人の自由な協力によって創出されるものというのが京都の回答だった。

そしてこの答えは、創意に満ちた都市計画に結びついた。こうして都市計画による京都の蘇生が近代日本の歴史を逆照射する。すなわち日本の近代化の特徴は、国土の多様で均整のとれた発展をもたらす都市計画や地域計画の不在なのである。国土は富と権力によって恣意的かつ乱雑に開発され、偶然がその在り方を左右した。だからこそ、京都の実例は模範であり教訓である。

それは、市民の地域的な自治と団結なしには国土の整った発展はありえないこと、そして教育とは未来を計画することなのだから、公教育は都市計画や地域計画の一部であるべきことを示唆しているのである。

3　貿易の論理　自給の論理（2008年11月）

（1）論議さるべきは自給でなく貿易である

人類は長い歴史をとおして生活に必要な基本物資を限られた資源を利用して入手してきた。そして多種多様な気候と風土の下で地域の資源を利用する能力は驚くほど巧みで柔軟なものだった。北極圏やカラハリ砂漠においてさえ人間は飢えることがなかった。この地域から生活物資を調達する能力がなかったならば、人類は滅び去っていたことだろう。してみれば生活物資を自給で賄うことは人類にとってはありふれた当たり前の現象であり、とり立てて論じられるような事柄ではないといえる。鳥が空を飛び魚が水中で泳ぐように、人類は地域の住人として生きてきた。そして、この地域的自給ということなしには、料理をはじめとする風土に根ざした人類の文化の多様性はありえなかったことだろう。

この自給の対極をなすのが貿易である。そして貿易は当たり前の現象ではない。歴史においては長らく貿易は人々の生活に必要不可欠なものではなかった。おそらく20世紀の前半まで、世界の大部分の地域では食料やエネルギーなどをほぼ自給していた。われわれの日常生活が国際貿易のネットワークに深く絡めとられるようになったのは第2次大戦後のことにすぎない。そして世界のどこかで起きた出来事がただちに近所で買う食品や日用品の価格にまで影響を及ぼすグローバリゼーションという現象は、ここ二十数年来のことである。とにかく貿易は本来必要不可欠なものではないのだから、貿易をやる理由については説明が必要である。論議さるべきは自給ではなく貿易という現象のほうなのである。まして大衆居酒屋のオツマミさえ大半の食材が輸入という状況を生んでいるグローバル化した貿易については、万人を納得させるに足るよほどしっかりした論拠が要求されるはずである。

ところがそうした〈貿易の哲学〉が存在するという話は聞いたことがない。貿易は自然現象のようにみなされている。リカドゥの有名な比較生産費説も貿易の在り方を論じたもので、貿易の是非を考察しているわけではない。いや、貿易は必然的な現象なのだから議論するには及ばないのだという反論があるかもしれない。だが貿易は必然ではない。古代のスパルタあるいは現代のブータンのように、原則として国際貿易を拒否し自給を志向する国家の例が存在している。だから貿易はやはり選択事項なのであり、そうならば貿易を選択する理由が開示されねばならない。

自給は善、貿易は悪といったことを言いたいのではない。そうではなくて、貿易が選択事項であるならば貿易の理由、目的、限界などがきちんと提示されて議論され、そうした議論によって貿易の在り方が決定されねばならないと言いたいだけである。いつから世界貿易は、われわれが畏怖して拝跪すべき神になったのであろうか。日本は今のような世界貿易で競争に勝ち抜かねば生き残れないなどという脅迫的言説が、貿易の理由と目的についての議論を封殺することがあってはならないのである。

(2) 地域間貿易と遠隔地貿易

もっとも、自給といってもイヌイットのような完全自給は例外であろう。交換の歴史は人類とともに古い。世界各地の石器時代の遺跡からは貨幣の代わりに使われたと見られる黒曜石が見つかっている。そして初期の素朴な物々交換は分業の発展、貨幣の出現、輸送手段の進歩にともない共同体間の貿易に変化する。にもかかわらずつい最近まで貿易の役割は限られたものだった。どこでも庶民の日常生活は地域的に自給可能な生活物資に依存し、貿易に左右されなかったからである。たとえば戦前の日本はエネルギーの70%近くを自給していた。つまり木炭で暖をとり、薪で風呂を沸かし、牛馬がなお農耕や輸送に使われていたのである。戦前の日本においてさえ経済の自給度はこれほど高かったのだから、ましてや過去に遡れば貿易はますます例外的で特別な現象として現われてくる。

そして古代以来の貿易が共同体の経済にとって二次的なものだった時代においては、貿易は地域間貿易と遠隔地貿易の二つに分かれていた。地域間貿易とは庶民の日常にも多少影響のあるような生活物資を近隣地域間で大量かつ定期的に交易するもので、北欧を舞台に木材や毛皮などを扱った中世の北ドイツのハンザ同盟都市の貿易に代表される。他方で遠隔地貿易とは遥かに遠い土地の異国的で珍奇な産物を王侯貴族など富と権勢を誇示したい特権層のために取引するもので、リスクが大きい分だけ成功すれば商人は法外な利益を期待できる貿易だった。言うまでもなく、シルクロードを介したローマと中国の交易がその代表例である。

しかるに今日の世界経済の特徴は、地域間と遠隔地という貿易の伝統的な区分が完全に消滅し、かつては例外的で冒険的な事業だった遠隔地貿易の論理がわれわれの日常生活をくまなく支配していることである。もうアメリカの大豆やアラブの原油なしには三度の食事を摂ることもままならない。そしてこの大転換は人類社会全体の自ずとした発展の結果生じたものではなく、あくまでヨーロッパ人の主導で推進されてきた転換なのである。

(3) 世界貿易の誕生——生活様式の絶えざる創造的破壊

中世以来、ヨーロッパ人の食生活には胡椒が不可欠だった。その理由は、ヨーロッパが中国やインドのように農業的に恵まれた土地ではなかったので、ヨーロッパ人が肉を多食するようになり、肉の保存や加工のために胡椒を必要としたことに求められるだろう。ともあれヨーロッパは自らの風土では栽培できない異国の産物を日常的かつ大量に必要としたという点では、まったく例外的な地域なのである。

周知のようにコロンブスがパロス港から未知の海に乗り出したのもインドの香辛料とジパングの黄金を求めてのことだった。そしてコロンブスの航海の帰結はスペイン人による新世界アメリカの略奪と植民地化である。まずスペイン人征服者によるアステカとインカの莫大な金銀の略奪はヨーロッパの通貨流通量を飛躍的に増大させた。マルクスが資本の原始的蓄積と呼んだものの実態はこの略奪である。そして旧世界には煙草や砂糖などの新世界の産物に対する需要が生まれる一方、新世界に入植したヨーロッパ人は従来の生活様式を維持するための物資を必要としたので、大西洋を挟んで無限に拡大する市場が誕生した。この市場の巨大な需要を充たしたのはカリブ海地域のプランテーションで働く黒人たちの奴隷労働だった。

豊富な資本、無限に拡大する市場、安価な労働力という資本主義が成立するための条件はこうして整った。資本主義は生産力の発展によってではなく国際貿易から生まれたのである。そしてこの大西洋貿易が現代の貿易の原型である。

まったく異質な社会の間の接触に関しては史上にいくつかのパターンがある。その一つは中国とローマのシルクロード貿易に見られるような確固たる生活様式をもつ社会間の臨時の部分的、周辺的な接触であり、もう一つは匈奴のような遊牧の蛮族が定住農耕文明を襲って略奪や征服をやるものである。ところがヨーロッパ人の植民地主義は文明社会が相対的に未開な社会を襲って文明社会にその周辺として組み込み、二つの社会のいわば暴力的な異種交配を実現したという点で、史上にまったく前例のないものだった。

貿易の観点から見て重要なことは、この交配の結果としての双方の社会における生活様式の激変である。これ以後、煙草を吸いチョコレートを飲むことはヨーロッパ人の生活の一部になった。植民地を前提にした貿易は庶民が日常的に消費する生活物資を大量かつ継続的に輸送し流通させるような貿易だった。しかもそれは中国の絹、インドのモスリンのような伝統的特産品の貿易ではなく、未知の商品への新しい需要をかき立てるような貿易である。

こうして貿易と生活様式の間の旧来の主従関係は逆転し、貿易それ自体が新しい生活様式を創造することになる。まさしく生活様式のこの絶えざる創造的破壊こそ、今日なお世界貿易の原理なのである。というのも、世界貿易の課題は相互に必要な物資の交換ではなく、市場の無限の拡大にあるからだ。そしてプランテーション経営などで資本が流通過程だけでなく生産過程まで支配したのも、大量の非伝統的な需要を充たすためだったといえよう。

(4) 世界貿易の発展と近代国家の形成

このように近代の世界貿易は植民地主義の暴力を母胎として生まれ、それに従事する者が得た法外な利益は南の世界の植民地化や黒人奴隷の存在と一体になっていた。それは地域間の対等な立場での交易から発展したものではなく、対等な交換の見せかけをした恒常的略奪だったといっていい。そしてこれは見落とせないことだが、世界貿易はまさにヨーロッパで近代国家が形成されつつあったときに始まったのである。

世界貿易の発展にはヨーロッパ諸国の覇権争いと国王や議会を究極の主権者とする国内統治体制の創出といった問題が複雑に絡んでいた。コロンブスの航海はスペインの王室の後援なしにはありえなかったし、17世紀にスペインを押しのけて大西洋貿易の主役となった英国は清教徒革命以降貴族と商人が結託して支配する国になっていた。貿易は国家が管理するものになると同時に国家間の激烈な競争の舞台になり、貿易で得られた富は国力の要と考えられるようになった。そして今日でも、世界貿易の核心には国家間の競争があることに変わりはなく、「自由貿易」は国家から自由な貿易であるどころかこの競争を促進するためのものである。

このヨーロッパ型世界貿易は商業と貿易の歴史的に通常のパターンから外れた特異なものであり、そのことはこれをイスラムの貿易と比べてみればすぐにわかる。イスラムの社会は都市的商業的な性格をもち、貿易がその繁栄を支えていた。しかしそれは中東の地の利を活かして東西文明を結ぶ仲介貿易であり、定評ある各地の特産物を扱うだけのその保守的な貿易からは新しい生活様式が創造されることはなかった。それは植民地主義には無縁で、商業資本が生産過程まで支配することもなかった。そして貿易は国家が関与しない個々の商人の事業であり、また貿易による繁栄にもかかわらず庶民は相変わらず地域的自給にもとづいて生活していた。こうした貿易が資本主義に、つまり絶えざる新しい需要によって無限に拡大する市場とそれに対応する生産組織につながることはありえなかった。

（5）世界貿易の衝撃が生み出した近代個人主義

ところで、歴史書によれば近代と中世を分かつものは封建的身分社会の拘束からの個人の解放であり、自由な個人の出現である。では何が自由な個人を生んだのであろうか。通説がいうようにローマ教会に反逆したプロテスタンティズムがその生みの親なのだろうか。だが謹厳な中世修道士の戒律に戻ろうとしたルターを個人主義者とすることは難しい。近代の個人主義を生み出したのは、じつは世界貿易の衝撃なのである。

中世においてはすべての人が何らかの共同体に帰属し、その掟に服していた。閉鎖的な共同体の中では互酬性の原理が働くので、人々は他者の同意や承認によって自分の存在が制約されていると感じていた。人々は既定の権利と義務の網の目の中で生きており、国王でさえさまざまな慣習や誓約によって縛られていた。そして商人も、商人である前にキリスト教の信徒であらねばならなかった。

ところが植民地経営と世界貿易は、その富と権力の源泉が共同体の外にあるような人間を登場させたのである。そしてこの点では、近代のリベラルな個人主義の祖といえる英国のジョン・ロックがその『統治論』の中で北米大陸に入植して農地の開発にあたる英国人をモデルにして個人の自然権を論じていることは象徴的である。

この入植者は共同体の互酬性から完全に解放されている。彼は先住民のインディアンに代償を払うことなく土地を手に入れ、共同体の承認なしに好きなだけ土地を自分のものにできる。そして土地がもたらした富はすべて彼だけのものであり、教会の慈善事業への寄付を強要されることもない。彼の唯一の義務は勤勉に労働して所有する土地から効率よく最大限の富を生み出すことである。彼の社会との関係は取引のそれであり、私有財産の保護と引き換えに国家の創設に同意する彼の社会契約はそうした取引である。さらに彼は共同体の干渉からだけでなく自然の制約からも解放されている。つくりすぎた農産物は溜めこんでも腐ってしまう。だがそれを商品として売り貨幣に変えるなら、彼は永久に腐る心配のない貨幣を無限に蓄積できる。この入植者の自由とは、安楽を保証する手段とされた私的な富の増殖を果てしなく追求する自由のことである。

ロックは英国を七つの海を支配する大商業帝国に仕立てあげたジェントリー層の代弁者だった。そして彼の議論は、近代のリベラルな個人主義はアメリカ大陸の植民地化を契機に成立した世界貿易の体制とまったく一体のものであることを示している。封建制を打破したのはプロテスタントの信念などではなく、資本がある人間にぼろ儲けする可能性を拓いた植民地貿易なのである。ヨーロッパ人が南北アメリカの広大な土地と豊かな資源をタダ同然に手に入れるという偶然がなければ、こうした貿易は成立するはずがなかった。

ちなみにこのロックの経済的個人主義だけが近代の個人主義なのではない。宗教戦争の痛切な体験から生まれたもう一つの個人主義が存在する。宗教戦争の原因には人々の国家や宗派、党派への盲目的な忠誠があった。人間が世に通用している善悪の基準を鵜呑みにせず自らの生活の中でそれを再検証しないかぎり、社会の混乱は続く。それゆえにモンテーニュに代表されるもう一つの個人主義は、社会の圧力に押し流されることなく自主独立の善悪の判断にもとづいて責任をもって行動することを個人に要請する。これは共和国の理想である。このモラルの個人主義はロック流の経済的個人主義と混同されてはならないものである。

ここまで貿易の歴史を振り返ってきたが、そこからいくつかの結論を引き出せよう。①まず貿易は、経済的には長らく周辺的な現象にすぎなかった。②民衆はつねに安定した地域的自給の生活で満足していた。民衆が貿易を要求して暴動を起こしたとか自給していた民族がその惨めさに耐えかねて貿易を始めたといった話は聞いたことがない。③どこでも貿易は富と権力のある特権層により特権の維持と拡大を目的として推進された。その最近の露骨な例としては、天安門事件で権力の正統性が揺らいだ中国の共産党政権による自給から貿易への体制転換がある。④現代の貿易の特徴は生活様式の絶えざる創造的破壊とそれによる市場の無限の拡大にある。⑤さらにこの貿易は、共同体や自然に制約されることなく自由な選択によって欲望の極大的な満足を追求する個人というリベラルな個人主義のイデオロギーと一体になっている。必要な物資の互恵的な交換はこの貿易の本来の目的ではない。

(6) アメリカ中心の世界貿易体制の完成

英国は世界貿易により自らを利すべく大商業帝国をつくり出したが、英国では試行錯誤の成果だったものを意識的計画的に追求したのがアメリカ合衆国である。

今日の世界貿易体制は基本的にアメリカが設計し、その覇権によって世界に押しつけたものである。アメリカが二度の大戦に参戦したのも民主主義を守るためではなく、アメリカ中心のグローバルな貿易体制を完成させるためであり、それは第2次大戦後にＩＭＦ、世界銀行、ＧＡＴＴ（関税と貿易に関する一般協定）に補完されたブレトン＝ウッズ体制として実現した。この体制の下では金1オンス35ドルにドル相場は固定され、各国通貨の価値はドルを尺度に決められたので、国家間の貿易は支障なくドルで決済されることになり、世界の貿易量は飛躍的に拡大した。そしてＩＭＦや世界銀行の役割はたんなる為替相場の安定や後進国援助ではなく、アメリカ的な経済成長の論理に世界を組み入れ成長の条件を確保することにあった。

だが世界貿易がドル決済ということは、アメリカに商品を輸出してドルを稼ぐ能力のない国は世界貿易に参加できず、石油のような戦略的資源の輸入もままならないということである。このことは、戦後の世界経済に先進国と発展途上国の格差をはじめとするさまざまな大きな歪みをもたらした。

ひたすらドルを稼ぐために国情に合い均衡のとれた国土と経済の在り方を犠牲にした極端な例が、戦後日本の経済発展であろう。冷戦のせいでアジア諸国との地域貿易に期待できなかったことや戦前からの人口過剰という問題があったにせよ、戦後日本のアメリカ一辺倒の輸出経済はやはり異常である。その結果、工業用資源は皆無の小さな島国がアメリカをしのぐ自動車生産国になる一方、アメリカ、中国に次ぐ世界第3位の原油輸入国、食料自給率が先進国中で最低に近い世界最大の食料輸入国になってしまった。これはアメリカ中心の貿易体制への世界にも類がない過剰適応というしかない。それはまた、日本の社会や文化のアメリカナイズ、原油多消費型のアメリカ的生活様式への過剰適応でもあった。

だが原油と食料の価格上昇が続く現在、日本の繁栄を支えた諸条件は消滅しつつある。目下のところは中国との貿易が日本企業を支えているようだが、中国は国策で開放体制をとっているにすぎず、かつてのアメリカのように世界貿易を維持するという意識があるわけではない。ゆえに日本には経済本位から生活本位への潔い体制の転換以外には未来はないように見える。

しかしブレトン＝ウッズ体制がより深刻な問題を惹き起こしたのは南の新興独立諸国においてである。アメリカはこの体制によって自国でしか通用しない経済成長の論理を南の国々に押しつけた。近代化のための資本や技術のない南の国々は、ＩＭＦの融資や世界銀行の援助に頼って近代化を図ったが、欧米型経済成長の条件のない国々でそうした融資や援助が実を結ぶことは稀で、豊かになるどころか恒常的な負債に苦しむことになったのである。

（7）世界貿易の終焉――食料主権そして民主主義の再定義へ

今世界を揺るがしている食料危機はアメリカ主導の世界貿易体制の究極の帰結である。たとえば独立した当時は食料を輸出していたアフリカの諸国は、今は全体で食料の4分の1を輸入している。そんなことになった主な理由は負債に苦しむ国々に対するＩＭＦと世銀の〝銀行管理〟である。80年代以降、新自由主義の色彩を強めたこの両者は、南の世界において先進国型の工業をモデルにした農業を推進し、大規模農地での輸出向け換金作物の栽培を奨励してきた。これに加えて、GATTの下での農産物貿易自由化により政府の助成を受けた安価な欧米の農産物がなだれ込んできたことが、地域で家族農業に従事する自作農民に深刻な打撃を与えた。IMFと世銀のエコノミストは、農業においては伝統的家族農業に勝るものはないことを理解できないのである。その意味では目下の食料危機はたんなる食料の確保の問題ではなく、そこでエリートの世界貿易の論理と民衆の地域的自給の論理が鋭くぶつかり合っているといっても過言ではない。

食料危機は重大な問題ではあるが、世界の現状は悲観すべきものではない。コロンブスの航海に始まる世界貿易の時代は終わりつつある。その第一の理由は、アメリカの衰退にともないドルが暴落しているのに、ユーロや元がドルに代わる世界貿易の決済通貨になる可能性がないことである。そうなれば「自由貿易」は終焉し、貿易は国家間で随時協定にもとづいて行なわれる本来あるべき形をとることになるだろう。第二の理由は、今後とも原油の価格が高騰し続けるために、大量の商品の迅速な遠距離輸送が費用の点でますます困難になることである。たとえば原油が1バレル200ドルになれば、中国製品はアメリカ市場で価格競争力を失うといわれている。そして食料危機と原油の高騰は世界各地の人々をあらためて地産地消の原則の重要性に気づかせ、先進国でも家庭菜園を始めたり農民のコミュニティ市場で地元産の農産物を買ったりする人が急速に増えている。たかが家庭菜園だが、これも人類が基本的な生活物資は地域で自給するという古来の常識に立ち戻るうえでの一契機なのかもしれない。

そして何よりも世界貿易の終焉を予感させるのは、GATTに代わって自由貿易の原則をより徹底させるべく1995年に創設されたWTO（世界貿易機関）のドーハ・ラウンドが先進国と途上国の対立で完全に行き詰まったままなことである。

WTOの狙いは関税の全世界的な一括引き下げにあるが、この7月（2008年）にジュネーヴで開かれた加盟153カ国の交渉は完全に決裂し、再開のメドは立っていない。決裂の最大の原因は、政府に助成された先進国の過剰農産物が大量に流入することは自国の零細農民に打撃を与えるとして、インドがセーフガード（緊急輸入制限）の柔軟な運用という主張から一歩も退かなかったことにあった。交渉では中国やブラジルも存在感を示した。貿易の領域では北の先進国が南の途上国に勝手なルールを押しつける時代は完全に終わったのである。IMFと世銀の新自由主義は、「自由貿易」とは弱肉強食の論理の別名という認識を世界に広め、それがWTOを挫折させたといえる。

途上国の激しい抵抗の背景には、南北を問わず歴史をとおして世界貿易の最大の犠牲者だった自作農民と先住民が国境を越えて協力し合い声を上げ始めたことがある。その声を代表しているのが1992年にホンジェラスに本部を置いて創設されたビア・カンペシーナ（「百姓の道」）である。ビアは世界各地の自作農、先住民、農村女性、漁民らの100以上の組織が連合した会員1億5000万人という世界最大の民間組織であり、創設されて間もないのにすでに国際的に無視できない存在になっている。

ビアが従来の食料安全保障に代わるものとして掲げる食料主権の原則を憲法条項とする国も出てきた。食料主権とは「国際市場に左右されずに人民が自分の食物や農業を自分で定義する権利」のことであり、ゆえに農産物を単なる商品として流通させる貿易自由化や現地の自作農の存続を困難にする食料援助などは主権の侵害となろう。さらにこれは食料に関連して国土や食文化の在り方などにも及ぶ自分独自の生活様式を選び守る権利なのであり、生活様式を創造的に破壊する世界貿易に対する根元的なノーなのである。

このビアの要求は自給ということに収まるものではない。問題は農民以外の人々も含めて地域の住民が人間らしい生活に必要な基本的な資源と物資を自分たちで管理することである。民主主義の要は選挙の有無にではなく、そうした生活様式に関わる地域住民の自治にある。ゆえに貿易と自給をめぐる議論は、最後には民主主義の再定義という問題に行き着くのである。

4　アメリカ発国際金融危機から見えてきたこと
──時代はグローバルからローカルへ（2009年2月）

（1）危機はグローバル化の致命的な帰結

住宅バブルの破綻が引き金となったアメリカの金融危機は、その余波が今や津波のように全世界に押し寄せ、企業の倒産や減益、失業の増加という形で実体経済にも深刻な打撃を与え始めた。そして欧米のメディアは事態を表現するのに「景気後退」ではなく、禁句だった「恐慌」という語を使い始めた。一般市民が事態の深刻さを知ったのはアメリカ政府が公金を使った金融業界への介入を公表したときだが、じつはこの危機は2007年にはすでに表面化していた。そして政府と連邦準備銀行（FRB）はあれこれ対策を講じたのだが、危機の進行に打つ手はなかったのである。だからヘンリー・ポールソン財務長官がAIGなど大手金融機関を公金で緊急に救済すると発表したとき、彼は巨大ダムの崩壊を必死に砂袋を積んで食い止めようとしていたにすぎなかった。

目下のところマスメディアにはこの危機をめぐる論評や分析のコメントが氾濫している。だがそのほとんどすべてが業界紙的な、あるいは学者による経済学的で難解な論評やコメントである。そして奇妙なことに、この危機を1980年代以来アメリカが推進してきたグローバリゼーションに結びつける見解が見当たらない。たしかにこの危機の直接の原因になったのはウォール街の野放図なマネーゲームであり、それを正当化してきた新自由主義のドグマである。ではこの危機は無責任な銀行家と業界御用学者の仕業なのであろうか。そうではあるまい。この金融危機には歴史的な背景がある。それは危機の震源地となったアメリカという国の歴史である。そして歴史の長期的な視点に立ってみるならば、今起きている事態はたんなる経済の危機ではなく、アメリカ文明の崩壊ともいえるような側面があることが見えてくる。

アメリカはまるで十字軍のように自由貿易を旗印にしてきた国である。19世紀の英国も自由貿易を掲げていたが、それは七つの海を支配する植民帝国の独特な主張にすぎなかった。しかるにアメリカは自由貿易を普遍的な原則にまで高め、超大国として全世界がそれに従うことを要求した点で、歴史的にも前例のない国だった。そして80年代以降アメリカは自由貿易の原則を、国民経済の観念を否定し国家主権を相対化するグローバリゼーションの原則にまで発展させたが、現在の金融危機はこの世界経済のグローバル化の結果がアメリカにはね返ったものであり、その致命的な帰結なのである。

(2) 大恐慌の記憶と経済の軍事化、自由貿易

世界の大部分の国にとって20世紀は戦争の世紀だったが、二つの大戦を無傷のままくぐり抜け戦勝国となったアメリカの国家的原点となっているのは1930年代大恐慌の体験である。実際アメリカの行動はすべてこの恐慌の記憶によって説明されるといっても過言ではない。ではなぜこの恐慌が発生したのか。さまざまなことが恐慌の導火線になりうるが、恐慌が発生する基本的なメカニズムは負債と所得格差という二つの要因によって説明できる。まず第一に、資本主義経済は銀行信用で動いており、企業や個人はいずれ利子をつけて負債を銀行に返済しなければならない。第二に、企業にとっては雇用した労働者に払う賃金は生産費用の一部にすぎず、商品の価格には生産設備の減価償却費や将来に備えた研究開発費なども含まれざるをえない。その結果、たとえ〝搾取〟がなかろうと一国の勤労者の所得の総計はつねに商品価格の総計を下回ることになる。そして市場経済においては企業や政府ではなく勤労者だけが消費者である。

こうして資本主義には、勤労者の購買力の不足で物やサービスが順調に売れないという問題がつきまとう。これは企業にとっては過剰生産の問題であり、勤労者にとっては所得不足による過小消費の問題である。しかし負債と所得不足というこの要因は、つぎつぎに新市場が開拓され経済が成長している間はさほど問題にならない。だがこの要因のせいで勤労者の消費が冷え込む一方、過剰生産ゆえに遊休化した資本は株などへの投機に向かい、経済はいわば二極分解する。そして購買力不足で景気が悪化すれば過剰資本が原因の投機ブームははじける。そうなると経済成長を促進していた銀行信用が一転してブレーキになり、企業も家計も国家も負債で動けなくなっていることが判明する。これが恐慌である。

今回のアメリカの金融危機の引き金となったサブプライム・ローンの場合も、勤労者の所得が伸びない中で銀行が新規の商品の開発や市場の開拓に狂奔していたという事情があった。そしてまともな収入のない低所得層にまで住宅ローンを融資したことが危機の引き金になったのだから、これはまさに経済の二極分解による恐慌のパターンである。

そしてアメリカがつねに30年代大恐慌の記憶にこだわってきたのは、ローズヴェルト大統領のニューディール政策が結局それを解決できなかったという苦い思いがあるからなのだ。悪夢のような恐慌からアメリカを脱却させたのは第2次世界大戦による軍需ブームだった。それゆえに戦争で息を吹き返した戦後のアメリカは恐慌の再発を予防できる体制の構築を国家の最優先の課題とすることになった。そしてこの課題に即してアメリカは二つの戦略を確立した。その一つは、大戦が恐慌を解決した経験に学んだ経済の軍事化である。戦争経済は純然たる浪費なので、過剰生産の問題が発生する心配がない。もう一つは、過剰生産の問題を貿易によって解決することであり、そのために大戦で得た比類ない超大国の地位を利用して共産圏以外のすべての国々を自由貿易の原則に合意させることである。戦前の国際貿易には世界共通の原則などなく、むしろ各国は金本位制の崩壊と恐慌の中で保護主義、ダンピング輸出、自給政策などに走り、輸入をきびしく制限した。ニューディール期のアメリカのホーリー＝スムート法は保護主義の見本だった。したがって戦後のアメリカが過剰生産の問題を貿易で解決する国家戦略を立てたことによって、史上初めて世界貿易の原則が自由貿易をその原則として成立したことになる。

そしてこの戦略を支えたのがアメリカ主導で構築されたブレトン＝ウッズ体制である。この体制の下で国際為替相場は1ドル＝金35オンスに固定され、各国通貨もこのドルに連動して固定された。たとえば日本の場合、１ドル＝３６０円とされた。そしてドルの価値の信認のため各国は随時貿易で稼いだドルと金との交換をアメリカに要求できることになっていた。このドル＝金本位制を構築したアメリカの狙いは商品価格の国際的な安定であり、それによる世界貿易のスムーズな拡大にあったといえる。世界貿易の拡大はアメリカをさらに繁栄させるはずだった。しかしドルを金に裏打ちされた別格に強力な通貨としたことは矛盾を生んだ。各国はドルを稼ぐことを貿易の主要な課題にした。そして各国がドルを手にし世界中にドルが行き渡るということは、アメリカが巨額の貿易赤字を出すということである。ブレトン＝ウッズ体制にはアメリカが貿易赤字を出さねば世界貿易が回っていかないという矛盾があった。それゆえに戦災からの各国の復興が完了した60年代に入ると、この体制はきしみ始める。各国はアメリカの赤字で実質的に減価したドルに不信感を抱くようになる。

そしてアメリカの赤字には別の原因もあった。現代の貿易は日本が南の国からバナナを輸入し醬油を輸出するといった特産品の交易ではない。自動車やテレビは価格と質だけで評価される国際商品であり、工業的な方式で生産される農産物についても同じことがいえる。それゆえに現代の貿易の実態は同一カテゴリーの商品を生産する各国の企業による世界市場の奪い合いである。言い換えれば、戦後の世界では日本やヨーロッパ諸国も過剰生産の問題の解決を貿易に求め始めたのである。

(3) グローバル化と金融化がもたらした空洞化と負の成長

そして1971年のニクソン大統領の声明で、ドルと金の交換は停止され、世界は変動相場制に移行した。これでアメリカは金の保有量に制約されずにいくらでもドル札を発行できるという途方もない特権を手に入れた。ドルは世界貿易の主要な決済＝準備通貨だから、その受け取りを拒否する国はない。だからアメリカは輸入品の代金を払うにはドルを刷るだけでよく、貿易収支の改善に努力する必要はなくなる。また各国は貿易の必要からも、変動相場制の下ではもっとも相場が安定している通貨ということからも、外貨はドルで準備しようとし、その結果アメリカには絶えず海外から資本が流入することになる。そしてこのドル基軸制が成立した70年代は市場の飽和、技術革新の停滞、原油価格の高騰などで先進諸国の資本主義が大きな成長の限界にぶつかった時期でもあった。この時期以後、企業の収益は低下し始め、今も回復していない。アメリカは再び過剰生産と過剰資本の問題に直面したのである。そしてレーガン以後、この国は過剰生産の問題は経済のグローバル化によって、過剰資本の問題は経済の金融化によって解決しようとした。企業は消費の低迷に商品価格の引き下げで対応することを図り、そのために安価で豊富な労働力を使って生産費用を削減できる海外に続々と生産拠点を移してグローバル化した。

それゆえにグローバリゼーションは過剰生産の問題を貿易で解決するアメリカの戦略の究極の帰結である。そしてドル基軸制のおかげで資本が世界中を自由に移動できることがその前提になっている。

だがグローバル化によってアメリカ経済は極度に空洞化し、金融業、軍需産業、農業、低賃金のサービス産業以外には国内に目ぼしい産業はなくなってしまった。この国民経済の衰退による勤労者の所得の減少が現在の金融危機の根本原因である。ではなぜ金融業界が危機の引き金を引いたのか。銀行から借りた金は銀行には帳簿上の資産であっても、借りた人間には負債でしかない。それは国民経済全体にとってもやはり負の資産である。だからウォール街だけが繁盛していた近年のアメリカは負の成長をしている国だったのである。そして企業、家計、国家が借金漬けの中で当の金融業界が負債で押しつぶされそうなことが判明したとき、アメリカ経済は崩壊した。

だからこの危機は金融業界の仕業というよりグローバリゼーションの帰結である。というのも、マネーゲームの資金は間接的に中国、日本、ロシア、中東産油国などから出ているからである。これらの国は輸出と為替相場へのドル買い介入で得た巨額の外貨準備をもち、国債や株を買う形でそのドルをアメリカに還流させている。すでに財政的に破綻している債務国アメリカはこの海外からの資本の流入で生き延びてきた。公金による一部金融機関の救済も、中国やロシアがその大株主であり、倒産を放置すれば両国が今後国債を買わなくなる恐れがあったためらしい。なかでも中国の存在は大きい。中国がアメリカの消費者向けの安価な商品を生産する工場になり、その輸出で稼いだドルがアメリカに投資されて、その消費、財政、マネーゲームを支えるというグローバル経済のいびつな構造なしには、目下の金融危機は考えられない。

(4) グローバリゼーションの終焉、IMFの失権

この危機からどんな世界が生まれてくるのかは誰にもわからないが、グローバリゼーションの終焉という観点からはいくつかの予想が成り立つ。

①アメリカ型の浪費的画一的な消費文明の終わり。サブプライム問題の背景には家を「住まい」ではなく商品としか考えないアメリカ人の姿勢がある。

②今より単純な30年代の恐慌さえ、ニューディールでは解決できなかった。アメリカは国家的に破産し、エリツィン時代のロシアのような貧しい国に転落する可能性がある。しかもアメリカには当時のロシア人の生活を支えたダーチャ＝庶民の家庭農園もない。

③そうなるとドルは暴落し、それにともないドル基軸を前提にしたグローバリゼーションは完全に

終焉する。

④アメリカが国際経済を金融的に支配するための道具だったIMF（国際通貨基金）は失権し、IMFのエリート会員だった日本などG7諸国の国際的地位も世界の多極化の中で大きく低下する。

実際IMFは人を借金漬けにして労働の成果を巻き上げるというウォール街と同じことを南の国々に対してやってきた。さもなければ、60年代の独立当時には食料を輸出していたアフリカ諸国が今は飢えと貧困に喘いでいる理由が理解できないだろう。とくに近年はカーギルなどアグリビジネスが牛耳る農業がアメリカの残り少ない輸出競争力のある産業になったため、IMFはその意を体して動くようになった。そして融資と引き換えに南の国々の農業の在り方について事細かに口をはさむようになった。

その一例がアフリカのマラウイである。IMFはこの国に対しても融資の見返りに小農に対する政府の助成の撤廃、農産物価格の自由化、政府の農政部門の民営化などの構造調整政策を押しつけ、そのうえ不作なのに外国への債務返済のために備蓄食料の輸出を要請、その結果マラウイは大量の餓死者を出すに至った。そこで政府が伝統的家族農業への助成に方針を転換、小農への助成価格での肥料と種子の配布を再開したところ、この国は3年で余剰農産物を輸出するほどになった。この例を見ても、目下の世界的な食料危機にIMFや世銀が無関係でないことがわかる。先進諸国の金融危機でIMFは資金不足に陥り大きく揺らいでいるが、先進国を利するだけのこうしたサラ金的国際金融機関はこの際、廃止すべきであろう。通貨と貿易の問題に取り組む国際機関が必要であるなら、それは先進国の会員制クラブではなく、すべての国が一国一票の立場で討議し議決する国連総会によって管轄される機関でなければならない。

(5) WTO頓挫は世界の小農民の歴史的勝利

そしてグローバリゼーションの終焉とともに自由貿易の原則自体も全世界的に色あせていくだろう。というのも、凋落するアメリカに代わって自由貿易を普遍的な原則として強硬に主張する国があるとは思えないからである。ドル基軸制とアメリカがどれほど貿易赤字を出しても平然としていられた国だったことが自由貿易論を支えてきたのだが、この支えは消滅する。しかも貿易自由化の徹底を目指したWTO(世界貿易機関)のドーハ・ラウンドが主に南の国々の抵抗によって頓挫したままであるため、現在すでに貿易は二国間協定にもとづくものになっている。おそらくこの金融危機を境に、これまで拡大してきた世界貿易は一転して縮小することになるだろう。縮小の第一の理由は、アメリカが牽引してきた世界的な消費ブームの終焉である。恐慌は人々につましく暮らす習慣を植えつける。そして原油価格は今後も高騰する一方なので、海路で商品を遠距離輸送する費用がかさみ、貿易は次第に引き合わない事業になる。さらにドルが暴落した場合、主要な決済通貨がなくなったことで世界貿易は大きな混乱に陥るだろう。ユーロや元にドルにとって代わる実力はない。もちろんドルなしでも決済するいろいろなやり方があるが、貿易は今よりかなり時間、手間、費用がかかるものになる。

しかしながら貿易縮小の最大の要因は、この危機を契機に各国が内向きになることにある。この状況ではどの国も自国民の生活の保障を最優先の課題とせざるをえない。その点では、欧米への輸出が激減した中国が農村インフラの整備を中心とする内需拡大に方向転換したことは世界の動向の予兆といえよう。そしてこれはグローバリゼーションが否定してきた国民経済の観念の復活と国家主権の意義の再確認を意味する。中国の輸出経済は、都市部は欧米並み、農村部はアフリカ並みという地域格差所得格差に引き裂かれた国をつくり出してしまった。そして日本の地方の窮状を見れば、こうした格差の拡大はグローバル化した世界に共通の現象であることがわかる。それならば、国民経済の再生は地域の個性を尊重しながら格差をなくす経済的民主主義の実現を意味しなければならないだろう。しかも金融危機で自由貿易が揺らぐ以前にそうした経済的民主主義の胎動は始まっていた。２００８年７月にジュネーブでＷＴＯのドーハ・ラウンドが頓挫した主な原因は、アメリカとＥＵが推進する農産物貿易の全面自由化に対して途上国の農民層が激しく抵抗したことにあった。政府に助成された欧米の安価な農産物の流入で壊滅的な打撃を受けてきた小農民の立場をインドと中国が代弁したことで会議は決裂したのである。

ちなみにこのラウンドが成功していたら日本の食料自給率は19％になるところだった。ＷＴＯの頓挫は、つねに自由貿易の最大の犠牲者だった世界の小農民にとっては史上に前例のない勝利だった。そして彼らはたんなる経済的利害で動いたのではない。農民にとっては農業はビジネスではなく生活様式である。彼らのＷＴＯとの争いは生活様式、民族の伝統や祖先の記憶、そして地域の自然と資源の多様性を守るための争いでもあった。

(6) 自給が経済の理想となるとき

世界各地の農民のこうした抵抗を支えているものをローカリゼーションの論理と呼んでもいいだろう。この論理の要点は地球全体から特定の地域に空間が狭まることではない。要点は「働くこと」が「住むこと」に従属し、土地が資本と労働に優越することにある。土とともに生きる農民にとっては働くことは抽象的な労働や生産や投資ではなく、住むことの一様態である。そしてここから、世界貿易が縮小する時代においてローカルな生き方を代表する農民の生き方が社会の模範となる可能性が生じてくる。前世紀の恐慌では工業労働者の雇用の確保が重視され、ある意味ではそれがファシズムと戦争につながった。しかるに現在の金融危機は経済成長の論理そのものが惹き起こしたものである。

そして21世紀の世界は際限ない経済成長の代価である食料と水とエネルギーの危機に直面している。現代のもっとも重要な課題は食料と水の確保およびエネルギー問題の解決なのである。そしてこの問題は金でもテクノロジーでも解決はできないだろう。こうした問題には、地域への住み方の形で地域の自然に適応し地域の資源を活用する、ローカルな解決しかありえないだろう。なかでも食料に関しては、今も人類の半数を占める農民以外の誰が問題を解決できようか。ついでにいうと、最近になってアメリカを1930年代の恐慌から救い出したのは戦争ではなく、家族農業に対するニューディールの農産物価格保障政策だったという研究も出てきている。

ローカリゼーションは、出口のないトンネルのようなこの危機と混乱の時代に人々を導くことができる認識の基準であり行動の指針である。グローバリゼーションの終焉は世界に戦争と飢餓の時代をもたらすかもしれない。国民経済の観念が復活するとしても、それはファッショ的管理国家に行き着くかもしれない。しかしグローバル化の終焉が要請しているのは経済のローカル化、地域に根ざす経済的民主主義という認識があるならば、そんな逸脱はしないですむはずである。そして自由貿易論が失権した世界においては、保護主義と自給が世界の趨勢となり、貿易は国民経済を部分的に補完するものとされることになるだろう。だが貿易がなくなるわけではないから、ドル失墜後の世界の通貨貿易体制をどう再構築するかという問題は残る。そしてここでも、大国富裕国中心の弱肉強食の論理がまかり通る恐れがある。ゆえに世界はその通貨が公正に評価される通貨主権をすべての国に保証すべきなのだが、そうした体制を設計する際の一つの基準は、金融ショックなどに無縁な安定したローカルな生活を営めることだろう。

ともあれ今後は自給が経済の理想となる可能性がある。そしてケインズが小論「国の自給自足について」（"National Self-Sufficiency"）でいったように、人々の真の満足感は貿易で得た安価で画一的な商品の消費にではなく、自給型経済がもたらす生活の質の高さにあるものなのだ。

5　基礎所得保証（ベーシック・インカム）と農が基軸の地域計画で自給型経済へ（2009年8月）

（1）日本の危機は金融危機以前から

世界経済はさまざまな指標から見て恐慌といえる状態にある。なかでも日本の落ち込みが激しく、昨年のGDPが年率で12・7％減というのは先進国中最悪である。しかし日本の銀行はウォール街のマネーゲームに手を出していなかったのに、日本経済が金融危機の震源地のアメリカよりはるかに深刻な打撃を受けていることは奇妙ではなかろうか。日本のGDPがこれほど縮小した理由について多くの評論家や学者は「金融危機で海外の消費が低迷し自動車の輸出が半減するなど、工業製品の輸出が落ち込んだせいだ」と言う。だがこの説明はおかしい。2007年の国連統計によると、輸出のGDPに占める比率はドイツでは46・8％、韓国では46・4％、中国では41・3％であるのに対して、日本では17・6％にすぎない。日本経済は比率が11・9％のアメリカに次ぐ内需型経済なのである。トヨタの工場の前で営業しているラーメン店は間接的に外需依存かもしれないが、それでも日本とドイツや中国との違いは歴然としている。それではマネーゲームをやらず貿易立国でもない日本が、なぜこれほど深刻な打撃を受けたのか。その答えは簡単である。バブルが崩壊した90年代以来、日本経済は恐慌に等しい状態にあったのだ。目下の金融危機が発生する以前からワーキング・プアや貯蓄ゼロ所帯といった言葉が時代を象徴していた。

ただその間もアメリカでは消費バブル、中国ではそれに助けられた輸出バブルが日本のGDPを名目上は押し上げることになった。しかしトヨタやソニーが海外で稼いだ金はそのまま海外での生産拠点の拡大など企業のグローバル化のために使われ、日本の国内に戻って国民を潤すことがなかった。だからバブル後の日本の経済成長なるものを国民が実感できなかったのは当然である。輸出による経済成長は日本経済の実態を覆い隠す粉飾決算のような役割を果たしてきた。そして今回の金融危機でメッキが剥げて、以前からの経済のどん底状態があらわになったのである。それゆえに目下の日本経済の危機は、歴史的事情が異なる欧米に倣った手法では対処できない。日本特有の事情とは、内需型経済なのにその内需が以前から壊滅していることである。そしてなぜそんなことになったのかを理解するためには、バブル期に遡り日本経済の構造的な問題点を洗い出す作業が必要である。

(2) 地域経済の再生なしに経済危機は終わらない

80年代のバブルの発生は市場には何の関係もない国際政治の産物である。対日貿易赤字の拡大で窮地に陥ったアメリカの要請により1985年の日米のプラザ合意で円高誘導が決まり、その結果生じた金余りが日本国内で土地投機バブルを惹き起こした。このプラザ合意を契機として、日本経済はそれまでのモノづくりから遊離して金融化し、銀行マネーが経済を攪乱するようになった。そして日本型バブルも市場ではなく政治の産物である。その一大特徴は、中央（官僚と政権与党）と地方の間の植民地的なイジメの構造である。すなわち円高と内需拡大による輸出ドライブの抑制というアメリアから与えられた課題を消化すべく、中央は地方自治体にやみくもに地方債を起債して土建型公共事業をやることを強制したのである。こうしたイジメの構造は世界にも類例がない。この時点で日本の地方自治体の財政危機が始まった。

そしてバブル崩壊とともに日本の大手銀行は膨大な不良債権を抱えて支払い能力を失いゾンビ銀行化したが、ここでも再び危機打開のために中央の地方に対するイジメの構造が活用された。90年代に小渕政権などが乱発した公共事業は一般にバブル後のデフレに対処するためのケインズ主義的政策と理解されているが、おそらくこの見方は間違いである。土建型利権ばらまき型公共事業は田中派の系統の竹下政権で終わっている。90年代の公共事業はゼネコンに融資しているゾンビ銀行を間接的に救済するためのものだった。そしてここでも中央は再び地方に地方債の発行による公共事業を強い、地方を犠牲にして金融資本を救ったのである。その典型的な例が現在財政的に破綻状態の大阪府である。中央は大阪府に、いずれ地方交付金で優遇するという空約束の下に関西空港やりんくうタウンのような大プロジェクトを地方債でやらせた。関西空港の建設に関してはアメリカの要請もあったらしい。そして小泉政権が国の約束とは逆に地方交付金を削減したのだから、大阪府は二階に上げられて梯子を外されたことになる。だが大阪も、東京だけがグローバル都市になる中でローカルタウンに転落するという不安と焦りにつけこまれたのではなかろうか。とにかくこのように日本の内需壊滅の原因は、国に押しつけられた負債による財政危機、高齢化、産業の空洞化の三重苦に喘ぐ地方の疲弊なのである。それゆえに地方経済、地域経済の再生なしには経済の危機は終わらない。

(3) 恐慌を終わらせる全国民への基礎所得保証《ベーシック・インカム》

経済の現状は恐慌という認識が広まるにつれ、ニューディールという言葉が復活している。しかし1930年代のニューディールがアメリカの大恐慌にはせいぜい鎮痛剤の効果しかなく、恐慌は世界大戦によってしか終わらなかったことは今日では常識である。ではなぜ戦争が恐慌を終わらせたのか。戦争自体は国家の負債を急上昇させ、経済にはプラスにならない。しかし戦時中の耐乏生活は人々の中の潜在的需要を膨れあがらせる。そして男は徴兵、女は銃後の工場で働く国民総動員体制は一時的に完全雇用を実現する。したがって大戦が終わったときのアメリカでは巨大な潜在的需要が雇用による所得に裏打ちされた有効需要となって爆発したのである。言い換えれば、恐慌を終わらせたのは当時の総力戦がもっていた全国民に及ぶ所得保証効果にほかならなかった。そして大多数の国民の所得不足が恐慌の根本原因であることは今日も変わらないのだから、現在の危機の打開には全国民に一律無条件かつ継続的に基礎所得を支給するベーシック・インカムの政策が不可欠であろう。基礎所得保証というとすぐに財源が問題にされるが、これは銀行業界を代表して動いている日銀から通貨発行権を取りあげ政府が自ら通貨を発行すればいいだけの話である。そして政府が公共の福利を目的として通貨を発行することで経済は脱金融化する。政府通貨による基礎所得保証は、ユートピアどころかその気になれば明日にでも実行できる政策である。

（4）若者を中心に地方への民族大移動も可能に

そして強調しておきたいのだが、ベーシック・インカムは従来の福祉国家の延長線上にあるものではない。もちろん全国民に基礎年金程度の所得が保証されれば付随的な福祉効果はあるだろうが、この方策の本来の課題はすべての国民の共通の利益にかなう、銀行のソロバン勘定とは異なるマネーの流れをつくり出すことなのである。この方策は人々の購買力を補強して生産と消費のギャップを解消し、経済を安定させる。さらに重要なことは、これによって雇用と所得をめぐる不安がなくなれば人々が実験的な生き方をすることが可能になることである。今われわれが直面しているのは恐慌に温暖化や原油生産の逓減が重なった複雑な危機であり、官僚や学者が頭で捻りだした政策で解決できるようなものではない。この危機を乗り越えるためには、無数の無名の人々が草の根レベルで試行錯誤を積み重ね、新しい生活様式を模索することが必要だろう。

そしてベーシック・インカムの最大の意義は、生活にまつわる不安をなくしてそうした社会的実験を可能にすることにある。そうした実験の一例として、たとえばこの方策を国土上における人口分布の異常な歪みを是正するために使うことができる。先に中央による地方のイジメの構造にふれたが、この国の根本問題は、恵まれた美しい国土にもかかわらず首都圏に異常に人口が集中していることにある。その理由は東京に行けば雇用と所得の点で有利ということ以外にない。それならば基礎所得保証の実施に際して首都圏を一定期間保証の対象から外したらどうだろうか。そうすれば若者を中心に首都圏から地方への民族大移動が発生し、人口分布の歪みは一挙に是正されるだろう。そして地方の人口が増え、その所得も保証されているならば、地域経済は自ずと活性化するはずである。基礎所得を有効に使うためには物価の安い土地を選ぶほうがいいのだから、この政策はおそらく過疎地域や離島の人口を増やすだろう。

(5) 今必要なのは、農業を基軸とした地域計画

アメリカのオバマ政権はその景気刺激策を環境に投資する〝緑のニューディール〟であると称し、多くの国の政府がその口真似をしている。国家の赤字支出による公共事業の拡大はむしろ恐慌を悪化させるという問題はさておこう。問題は各国の政府が世論操作を狙ってたんなるイメージで「緑」という言葉を使っていることである。緑という言葉は本気で使ってもらわないと困る。緑はまず地域の資源を活用した自給型経済を意味する。貿易を否定しているのではない。しかし貿易とは各国が自給を原則としながら自国で産しない必要不可欠なものを選択的に交換することである。その点ではグローバリゼーションは貿易ですらない資本による帝国的支配の追求というべきものである。

そして何よりも緑は、文明の土台の石油を中心とした〈鉱物系〉から〈植物系〉への転換を意味するものでなければならない。太陽光発電などのエコビジネスもこの転換に寄与するかぎりで意味をもつ。しかしこの植物系への転換という課題は系統的に検討されておらず、食用作物のエタノールへの

転換といった有害なものが目につく。しかし植物を利用したエネルギー自給の可能性は地方経済にとって巨大なビジネスの機会である。例を挙げれば、木炭エンジンと麻である。敗戦直後に日本の街を走っていた木炭バスと異なり、今は廃材を燃料として高速道路も走れる高性能の木炭エンジンが在野の研究者によって開発されている。交通や運輸にそれを使うようになればエネルギー自給率が飛躍的に向上するだけでなく、林業が再び戦前のように日本の主力産業となることも考えられる。トヨタやホンダが木炭車に手を出すはずはないから、これは地方企業の出番である。

そして麻は、燃料だけでなくさまざまな分野で石油に代替できることはよく知られているのに、いまだにアヘン禍を口実に栽培が禁止されているのは不可解である。日本では麻は占領軍が栽培を禁止するまで主要作物の一つだった。そんな占領時の遺産を守る必要があるだろうか。

植物系への文明の土台の転換となると、当然農業が重要な位置を占める。そして昨今は農業の再生や食料自給率の向上が世間の合言葉になった観がある。だがその中身を見ると、農業に企業を参入させ、大規模化で効率を高めて国際競争力のある農業を推進するといったものばかりである。これでは今度は農業でバブルを起こそうとしていると言われても仕方ない。認識が根本的に間違っているのである。

農業の基本的な使命は国土と伝統の保全であって、商品としての食物の生産ではない。それゆえに農業は資本さえ投下すれば発展する産業ではなく、地域の在り方のことである。産業に不可欠な水利にしても、地域全体の視点から考えねばならないことは明らかである。この国が今必要としているのは、たんなる農業の再生ではなく農業を基軸とした地域計画なのである。

もちろん、それは官僚や学者が頭でつくった計画ではない。地域住民が自ら作成し民主的に決定した計画である。日本の住民運動は従来、中央と企業に対する抵抗や防御の運動だった。しかしこれからは自分たちの生活様式を積極的につくり出す住民運動があってもいいのではなかろうか。まして政府通貨が発行された場合には市民の公共の福祉がその融資の基準になるのだから、そうした住民運動がないと経済は回っていかないのである。

6　世界貿易の崩壊と日本の未来
――ＴＰＰ―タイタニックに乗り遅れるのは結構なことだ（２０１０年12月）

（１）旧ソ連や「北」のマスコミを嗤《わら》えない
――地に落ちた昨今の日本のマスコミ報道

昨今の日本のマスコミをみていると、昔の旧ソ連の共産党御用マスコミや北朝鮮国営放送のことを嗤《わら》えなくなってくる。リーマン・ショックで世界経済が揺らいで以来、マスコミはこぞって財界応援団と化している。大企業は国益など眼中になく自社が生きのびることしか考えていないのに、である。

テレビのニュースキャスターや新聞の論説委員が何をいおうと勝手だが、まず視聴者や読者に物事の判断材料になる事実をまともに伝えることがマスコミ本来の使命であるはずだ。ところが最近は経済ニュースと称して事実の報道の代わりにプロパガンダ（誘導宣伝）が撒きちらされている。ＴＰＰは目下この世論誘導の一大焦点となっており、「食料自給率がどうなろうと、ＴＰＰに参加しなければ日本は国際競争からとり残され、経済的に破滅する」といった調子の脅迫めいた言辞が人々を不安にさせている。

ここで私が問題にしたいのは、ＴＰＰへの参加の是非以前の問題である。ＴＰＰ推進論者は何か夢でも見ているのではないか。自由貿易の促進どころではない。リーマン・ショック以来、世界貿易はどんどん崩壊してきている。ダムの決壊にも似たこの崩壊は、関税の撤廃で対処できるようなものではない。これが報道さるべき事実である。そして崖から転落した車の中で必死にアクセルを踏んでいるのが、ＴＰＰ推進派なのである。

(2) 歯止めのかからない世界貿易の縮小は何を意味しているか

世界貿易崩壊の現状をみてみよう。

崩壊の前触れになったのは、世界貿易機関（ＷＴＯ）が各国の貿易障壁の全面的な撤廃を目指したドーハ・ラウンドの完全な挫折である。２００８年7月のジュネーヴにおける交渉が決裂した原因は、米国やＥＵからの農産物大量流入に対し自国農民を保護するために緊急制限措置を発動する条件を緩和せよという、中国とインドの要求にあった。中国とインドはその人口の大半をなす厖大な貧農層を切り捨て、外国の資本と技術によって一部の都市だけが繁栄する、いびつな経済発展を推進してきた。その結果、両国の農村では暴動や貧農の自殺が絶えない。農産物の輸入自由化でこれ以上貧農層を追いつめては体制が危うくなるので、中国とインドは背に腹はかえられずドーハ・ラウンドに抵抗したのである。

そして交渉再開の見通しは立たず、以後「自由」貿易は一部の国々による二国間協定というツギハギ細工のかたちで存続している。WTO自体はすでに死に体である。

そしてドーハ・ラウンド交渉決裂の2カ月後にリーマン・ショックが世界を直撃したことは、偶然ではない。

グローバリゼーションは、世界至るところで地域間や社会階層間の格差を拡大した。中国とインドには都市と農村の格差の問題があったように、米国には国内産業の空洞化による勤労者の賃金の低迷、階層間の所得格差の拡大の問題があり、その結果生じた庶民の所得不足と過剰資本の投機資金化が、米国を震源地とする世界恐慌をもたらしたのである。

この恐慌によって活発な消費市場は世界中で消滅した。中国も例外ではない。都市と農村の格差を引きずったままの中国では、政府の景気刺激策は一部の都市で党官僚の腐敗が絡んだ危険なバブルを生みだしているにすぎない。

この恐慌で世界の大手銀行はみな事実上破産したのだが、この事実は各国の中央銀行と政府の画策によってもみ消されている。だが来年（２０１１年）には、ＥＵを中心に銀行への債務に押し潰された近代租税国家の解体というかたちで、破局が表面化するだろう。

そして世界貿易の領域では、破局の深刻さは当初からはっきりしていた。ＷＴＯの２０１０年2月の発表によると、世界貿易は09年度に12％という第2次大戦後最大の縮小を記録した。リーマン・ショックから1年たち、各国政府の景気刺激策があったにもかかわらず、この有り様である。

そして世界貿易の縮小は止まっていない。貿易による国際的な商品輸送の90％は海運によって行われている。だから、世界貿易の現状を知るにはバルチック海運指数を見ればいい。これは鉱石や穀物などをバルクで運ぶ不定期外航貨物船の雇用状況を示すもので、数年先の貿易と世界経済の動向を知るうえではもっとも的確で客観的なバロメーターである。この指数は08年に90％近く激減し、その後中国の資源買い溜めで一時的に少し回復した後は深く低迷したままである。

関税が高い場合には、そのために貿易が量的に伸び悩むということはあるかもしれない。しかし貿易自体が縮小する場合には、その原因は活発な消費市場の世界的な消滅以外にない。

（3）伝統的な交易や貿易の、「世界貿易」への変貌過程

ところで、私はここまで「世界貿易」という言葉を使ってきた。だが、妙な言い方になるが、ＷＴＯやＴＰＰの論理でもある「世界貿易」は常識的な意味での貿易とは別のものなのである。

この問題を説明しよう。人は常識的には、「貿易」と聞けば日本がインドに機械を輸出し、その見

返りにカレー粉の原料を輸入するといった行為を考えるだろう。貿易は互恵的な交易である。そしてカレーライスの主な材料は国産の米、肉、野菜であり、カレー粉がそれを補完する。国民経済は自給が原則であり、貿易はそれを補完する二次的なものにすぎない。こういう貿易なら徳川期の鎖国した日本でも多少はやっていた。

しかし「世界貿易」はこれとは別次元のものなのである。世界貿易の起源は17世紀ヨーロッパの重商主義にある。重商主義の国家は商業活動によって蓄積された金銀を国力の印《しるし》とみなしたが、国力とは、強国間の覇権争いに、その財力ゆえに戦争に訴えても勝ち抜ける能力を意味した。こうして商業と国家的な覇権の追求が結びついたときに、後の世界貿易の論理の原型が形成された。ただし当時英国などが海外でやっていたのは掠奪であって貿易ではない。

そして産業革命の時代に入ると、機械が大量生産する商品をさばく必要から外国の市場が重視されるようになり、世界の工場たる英国の立場を代弁する自由貿易論が登場した。しかし英国は、植民地で資源と商品の販路を確保できたので帝国主義に安住し、世界貿易の論理を完成させなかった。そして後の日本やドイツも、やはり帝国主義に頼り、侵略戦争によって広域な共栄圏や生存圏を確立しようとした。

その中で世界貿易の論理を完成させたのは20世紀の米国である。厳密にいえば「世界貿易」とは米国が第2次大戦後に世界に強要した通商システムのことであり、米国が軍事的覇権を背景に世界にそれを強要した原因は1930年代の大恐慌にあった、と言うことができる。だからこのシステムを伝統的な交易や貿易と混同してはならない。米国は資本主義がもっとも純粋に発展しただけに、その矛盾の露呈も明確だった国である。

そして資本主義の要である近代の機械制大工業の中に深い矛盾が存在する。まず機械による生産の自動化が進行すれば、雇用は減少し、勤労者の賃金も低迷する。また近代企業は生産設備への巨額の継続的な投資を必要としており、企業会計の中ではそれに反比例して勤労者の給与賃金に充てる部分は縮小していく。

さらに企業は設備投資のために銀行からの融資を必要としており、その結果、平均して商品の最終価格の2分の1が銀行への利払い分ということになる。だから勤労者はたとえ失業していなくてもその少ない所得では、設備投資費や利払い分が価格に上乗せされた商品を少ししか買うことができない。こうして資本主義の順調な発展自体が需要不足、過剰生産、遊休資本の投機資金化、銀行への債務の増大といった問題を生み、そこから恐慌が発生する。

この矛盾を解決するには所得の再分配をやるしかないが、資本主義にそんなメカニズムはない。だが需要不足と過剰生産の問題は、貿易の拡大で解決できるのではなかろうか。貿易は資本主義を救う。大恐慌に苦しんだ米国が貿易を体制の宿命的な矛盾を解決するための系統的な戦略としたとき、世界貿易の論理は完成したのである。

そしてこの国家戦略を実現すべく、戦後の覇権国となった米国は通貨と貿易のブレトン＝ウッズ体制をつくりあげた。この体制の下では、貿易で稼いだドルを随時1オンス35ドルで米国が保有する金と交換できるという条件で、西側諸国の固定相場制が維持された。その狙いは、商品価格の国際的な安定と貿易の円滑な決済によって、世界を米国企業の障壁なき市場にすることにあった。ただしそこでは、互恵的な商品の交易で国民経済を補完するという伝統的な貿易の要素が残り、また金の保有量が米国が許容できる貿易赤字を制限していた。金とドルがまだリンクしていたので、その意味で〝秩序〟は保たれていた。

しかしその後、ベトナム戦争の財政的出血や日欧との競争に苦しんだ米国が、71年のニクソン声明でドルと金の交換を停止したときにこの体制は終わり、世界は準金本位制・固定相場制からドル基軸制・変動相場制に移行した。ドルに代わる世界貿易の準備・決済通貨が存在せず、各国が世界貿易のゲームに参加するにはドル準備が必要なことに乗じて、米国はドル発行国の特権に居直ったのである。これ以後米国は、輸入品の代価にはドルを刷ればいい、不労所得で暮らす国になった。だが貿易赤字を気にしない国になったことは、米国経済の規律を失わせ、それは70年代以降の原油の高騰と相まって米国経済を決定的に衰退させた。

(4) グローバリゼーションとは、「体制の危機の輸出合戦」である

グローバリゼーションは一般に、貿易の徹底的な自由化と拡大により、各国経済の国際的相互依存が深まることとみなされている。この見方は間違いである。貿易の拡大が米国の国家戦略だった時代は、ブレトン＝ウッズ体制とともに終わっている。そして世界経済のグローバル化を主導している米

国は貿易の拡大どころか、巨額の輸入超過に苦しむ大債務国である。

結局、問題は貿易が需要不足と過剰生産という資本主義の矛盾を解決しなかったことにある。そこで80年代以降、米国企業は需要不足に商品価格の切り下げで対処しようと、開放体制下の労賃の安い中国に続々と生産拠点を移した。中国の貿易黒字の大半はこれらの企業の対米輸出による。他方、天安門事件で権威が揺らいだ中国の共産党政権は高度経済成長で民衆の不満をそらす方針に転じたが、それは貧農層を切り捨て臨海諸都市だけが輸出経済で繁栄する、いびつな発展をもたらした。そして都市と農村の所得などに構造的格差がある以上、輸出で稼いだドルを国内に還流させると悪性のインフレが発生する恐れがあるので、ドルは内需拡大にではなく、米国の国債や株に投資された。この中国や日本などの貿易黒字国から流入する過剰な資本が、産業が衰退した米国ではウォール街のマネーゲームの資金になり、それが米国経済を負債で動けない状態にして恐慌を発生させたのである。

それゆえにグローバリゼーションの本質は貿易の拡大ではなく、ドル基軸制が可能にした「体制の危機の輸出」である。米国は衰退した資本主義の危機と国家の負債を中国に輸出し、中国は共産党政権の危機を米国に輸出してきた。恐慌によるグローバリゼーションの終焉はいずれ世界的なドルの信認の崩壊に行き着き、それにより体制の危機を輸出しあった米中は共倒れになる可能性が大きい。

そしてドルが崩壊すれば、ドルに代わりうる基軸通貨は存在しないから、米国が資本主義の矛盾ゆえに生み出した国家戦略としての世界貿易は、「アメリカの世紀」とともに終焉することになる。

もちろんこれは、貿易自体の消滅を意味しない。各国は今、ロシア、中国、ブラジルがやっているように、相互の通貨で貿易を決済するだろうし、バーターによる貿易も有効である。言い換えれば、世界貿易の終焉とともに、貿易が互恵的な商品の交易によって国民経済を補完するという、本来の役割を取り戻す可能性がある。

しかし自給度の高い国民経済があってこそ、貿易は補完的なものでありうる。自給と聞くと鎖国を連想する人がいるかもしれない。だが日本でも自給はそんな昔のことではない。戦前の日本はエネルギーでさえ炭などで70％近くを自給していたし、戦後復興期の細々と雑貨を輸出していた当時も自給度は高かった。否、鎖国だって否定的に評価すべきではない。徳川期の日本が鎖国できたのは当時の日本にそれだけの経済的技術的蓄積があったからであり、鎖国は生活の質の高さと生活に広く行き渡った美意識において日本を世界でも類例のない文明国にした。

(5) ピーク・オイルに備える文明の転換を〝地域〟から

じつのところ私は、ＴＰＰはドーハ・ラウンドのように挫折する公算が大きいとみている。各国が世界的にしぼむ消費市場を奪いあうなかで国際的な合意は困難であり、仮に協定が実現しても各国は〝建前は自由化、本音は保護主義〟で、トラブルが絶えないことになろう。

しかし私ががまんならないのは、財界応援団のマスコミが播きちらす言辞の愚劣さ、空疎さ、妄想的非現実性である。たとえば「ＴＰＰに参加しないと日本は国際的に取り残される」という。何から取り残されるのか。タイタニックに乗り遅れるのは結構なことだ。

日本はたとえば中韓両国のように、国内市場の狭小さや農民の貧困ゆえにアクロバット的貿易立国をやらざるをえない国ではない。世界銀行の２０１１年の統計では日本経済の輸出依存度は約16％、貿易がＧＤＰに占める比率は世界１７０国中で１６４番目である。企業が国内市場だけで商売できるガラパゴスが可能な国は世界でも日本だけである。

ＴＰＰへの参加は国内市場が飽和して輸出が頼りの大企業の要求だが、大企業は稼いだ外貨を溜めこんだり海外で投資したりしていて国内の経済循環に貢献していない。中小企業がベテラン従業員を失うまいと必死で雇用を維持しているのに、トヨタやキャノンはさっさと派遣切りをやった。

そしてＴＰＰで騒ぐマスコミが知らんふりしているのは、ピーク・オイルの問題である。

国際エネルギー機関はこの２０１０年11月に、「世界の原油生産は２００６年にピーク（増産の限界点）を越したとみられる」と発表した。もう経済成長はありえないのだ。今後は原油生産の逓減で、工業経済はガス欠状態に陥り、徐々に収縮していくだろう。貿易を支える海運も、燃料の高騰で採算がきつくなる。ピーク・オイルの厳然たる事実は、今世紀はエネルギーと食料の危機の世紀であること、そして人類の未来は長期的には農業中心の地域共同体にあることを示している。

この危機は中国などですでに表面化してきている。ＴＰＰどころではない。われわれは手遅れにならないうちに、文明の転換のための作業を始めなければならない。

そして貿易を問題にするならば、日本経済のアキレス腱はエネルギーと食料の大半を輸入に頼っていることである。今の世界情勢では、これらを今後も支障なく輸入できる保証はどこにもない。だから円高で輸入が容易な今のうちに、エネルギーと食料の自給度を高める政策を国を挙げて推進する必要がある。

そうした方向転換を中央の政府には期待しないほうがいい。おそらくそうした転換は地方の、地域の人々の草の根の動きとして始まり、それが自治体を動かし、自治体が国を突きあげるかたちで始まるだろう。そこに日本の未来があることを、私は確信している。

特別寄稿

私にとっての農的生活

藤澤雄一郎

1　生い立ち

私は1957（昭和32）年に分家したばかりの小さな農家の長男として信州安曇野・穂高町（現安曇野市）に生まれた。姉が2人いる。本家にも2人の従姉妹がいた。女の子ばかりだった藤澤家に最後に私が生まれた。世代的には戦後のベビーブームから少し遅れた谷間の世代である。高度経済成長の真っただ中、その申し子みたいな世代と言えるかもしれない。あらゆる工業製品が次々と身のまわりに溢れるように増えていった。

農作業はそれなりに手伝ったが、末っ子で甘やかされていたのか、すぐに飽きて長続きしない手伝いだったと思う。まだ村の家々が協力して田植えをしていたので、大勢で賑やかに午前と午後におやつ（このあたりではお小昼という）を食べたのを覚えている。農繁期には1日5食も食べる習慣がある。田植えと稲刈りの時期になると学校が休みになった。「お手伝い休み」とも言われた。また、村のお祭りにも1日くらいは休んでもよかったような気がする。

学校は体育以外はあまり好きではなかったが、行き帰りの道草は大好きであった。これはその後の私の人生を暗示していたのかもしれない。稲刈りが終わった田の中を歩き、わらの山の中に入っては遊んだ。冬の朝は雪の上を歩くことができ、もっぱら田んぼを歩いて登校した。当時はまだ雪が多く、今よりかなり寒い冬だった。朝に弱く、いつも遅刻かぎりぎりで登校した。近所の友人が律儀にいつも待っていてくれた。結局2人で遅刻した。月曜日は全校生徒が校庭に集まって朝礼があるが、その前を2人でトボトボと歩いて下駄箱に行った。恥ずかしかったので覚えているが、あまり怒られた記憶はない。あきらめられていたのかもしれない。道草でいろいろな遊びを考えたが、やりすぎて、呼びつけられ注意されたことはたびたびあった。どちらかと言えば気は小さく人前ではおとなしい性格だったと自分では思っているが、イタズラはかなりやったほうかもしれない。

小学校か中学校か忘れたが、「将来何になりたいか?」という作文を書かされた。「父の後を継いで農業をやる」と書いたら、まわりから冷やかされた。皆ほとんど農家出身だったのに、農業をやると書いたのはどうも私一人だったようだ。私もほかにやりたい職業が思い浮かばなかったから農業と書いただけだった。そんな時代に育った。実際、中学・高校の同級生で専業農家は現在私一人である。もちろん兼業農家はかなりいるとは思うし、兼業のほうが農家の形態としてはいいと思うが、あまりにも専業が少なすぎる。兼業といっても自給畑以外はほとんど人に任せている人が多い。それでも退職してから熱心に農業をやる人も稀にいる。農業を支えているのはこの安曇野でも高齢者である。

2009年5月、専業農家だった本家の伯父が亡くなった。そのときの弔辞に子どもの頃の記憶も書いたので引用したい。

「お別れの言葉」

若いじいちゃん。昔からおじさんをそう呼んでいましたね。

本家には大きいじいちゃんとばあちゃん、若いじいちゃんとばあちゃんがいました。五十数年前私が生まれたとき、初めて男の子が生まれた、ということで大変喜んでくれたそうです。

古い茅葺の家でよく私を抱き上げ、「重くなったな」と言っては遊んでくれました。その頃からすでに若いじいちゃんは目が見えなくなっていましたが、藤澤家の大黒柱でもあり、しっかり者だったようです。

暮らしそのものが農業の時代でした。ヤギを飼ってはその乳を飲み、豚や牛を育て、ニワトリを飼ってはその卵を食べました。

古い家ではお蚕も飼っていて、子どもには大変興味深くかっこうの遊び場でした。蚕が桑の葉を食べるカサカサという音が部屋中に響いていました。

その家や田んぼや畑で若いじいちゃんはもくもくと、桑の葉を取ったり畦草を毎朝刈り取り、家畜にその草や餌をやっていました。

田畑の行き帰りには、若いばあちゃんの肩に手をおき、リヤカーを引っ張って道ゆく姿は、いまでも鮮明に思い出すことができます。

目は見えなくとも耳で人一倍よく聞き、足はしっかりと大地を踏みしめ、自信をもって暮らしていました。

米や麦、大豆など何を作っても人には負けないくらい取れることが自慢でした。

実際、立派な作物ばかりで2町歩近い田畑とワサビ畑を、2人で綺麗に作っていましたね。子ども心に目が見えないのに、なぜ、あんなに何でもできるのか不思議で仕方ありませんでした。そんな若いじいちゃんの後ろ姿を見て育ったからこそ、今私も農業をやっているのでしょう。

私が農業を始めてからは一緒に作業をしたり色々と教えてもらいました。

「百姓は種を蒔かなけりゃ、何にも始まらねえでさ」

「あれもこれも一度にはできねえ。ひとつずつ片付けていくしかねえでな」と、よく言われました。

農作業の合間には俳句を読みあったり、政治や社会の話もよくしました。

「食べ物まで外国に頼るなんてことはいつまでも続かねえ」

「若いもんは、なんでこんな政治に怒らない」

と、よく言われたものです。大地に足をしっかりつけた生き方だからこそよく見えたこともあったのでしょう。

大変な勉強家でもありラジオを手放さず、いつもニュースや株価の動向を聞いていました。点字の本や録音された小説もたくさん借りて読んでいましたね。

昔より農業も厳しくなってきたこともよく知っていて、トラクターやコンバインなどの高価な農業機械も買ってくれたり補助してもらい大変助かりました。

20年近い闘病生活は大変でしたね。

負けず嫌いの若いじいちゃんだからこそ、そこまで闘ってこれたんだと思います。

体がきついから、と、あまり長い話はできませんでした。

しかし、頭だけは最後までしっかりしていました。

「おれは後1週間しかもたない」と言って後の事を頼み、隣に寝ていたおばあちゃんには「ばあちゃん、先にいくでな」と、言ったそうです。

まだまだいろいろと教えてほしいこともありましたが、これからは私たちがなんとか田畑や家を守って、次の世代へ引き継いでいきたいと思っていますから、今度は天国から私たちをしっかり見守っていてください。

長い間本当にありがとう。そしてご苦労様でした。

どうぞ安らかに眠ってください。


伯父は中国の戦線でけがをし、戦後の栄養状態の悪さもあって失明したらしい。

2　学生時代

私が農業を本格的に始めたのは28歳のときである。その数年前までは自分が農業をやるとは思っていなかった。長男なので家の近くにはいたい、というくらいにしか考えていなかった。そういう意味では人間は時代の子ではないかと思う。その生まれた時代の影響から逃れることはできない。高度経済成長という時代の大きな波に流されて翻弄され生きてきた世代であり家族だった。ただ、その巨大な波に乗って浮かれて生きていたというわけでもない。波に乗るほど器用な両親ではなかったし、その結果あまり裕福な家庭でもなかった。本家の機械作業も父がやるしかなかった。それでも収入を上げるために頑張るという雰囲気はなかった。日々の生活で精一杯という感じはあったが、田畑があったからだろうか、なんとなくゆっくりとした暮らしぶりだったとも思う。両親にしてみれば3人の子どもを大学まで出したのだから大変だったのだろう。子どもたちにはあまり明確な進路への希望はなかったようだが、私もとくにやりたいと思う職はなかった。ただ朝が苦手だったせいか時間にしばられる職業はできないような気はしていた。父は多少なりとも人様の役に立ち収入もいい職に就いてほしかったようだが、それに応えようという意欲を見せる子はいなかった。

何も将来の展望がない私であったが、なぜか社会の仕組みとか構造には興味があった。おそらく高度経済成長の負の側面にかなり関心があったからだと思う。高度経済成長の申し子であるということは、反面、公害とともに育ったということでもあった。水俣病やイタイイタイ病、工業地帯の大気汚染、森永ヒ素ミルク中毒事件やカネミ油症などの食品公害が続々と現われた。その解決もなかなか進まなかった。新聞やテレビには公害問題が載らない日はないくらいであった。もちろん私も新聞を読んだりテレビのニュースを見たりするような大人びた子どもではなかったが、それでも目や耳に入ってきた。反公害運動や消費者運動も各地で沸き上がっていた。今から思えばその頃から産業のあり方や社会の仕組みに問題があるのではないかと漠然と感じていたのかもしれない。

社会の光と影という面から言えば、どちらかと言えば影の部分に興味があった。なぜなのかははっきりしないが、おそらく家庭環境からきているのではないかと思う。父は気が小さく不器用で、まわりと違ったことはしたがらなかったし変化を嫌った。一方母は気が強い方で、どちらかと言えば新し物好きで要領もよく、時代に乗り遅れるのを嫌がった。当然けんかは日常的だった。それが嫌だったが、どんな家族であっても問題のない家族などない。理想の家族などテレビのドラマかＣＭの中のつくりものでしかないことは当時の私にわかるはずもない。また、さまざまな社会問題は家族という場にもかなり影響を与える。家族は社会の一部なのだから当然なのだが、意識してはいなかったがなんとなく感じてはいたようだ。社会に何か問題があるのではなかろうか、と。

そして社会に少し目を向ければ世界ではベトナム戦争など紛争が絶えなかったし、国内でも連合赤軍の浅間山荘事件などは強烈な印象を与えた。もっとも、私の学生時代は高校から大学にかけて学生運動は下火になっていた。何に対して怒っているのか闘っているのかさえわからなかった。こうした社会の問題を授業ではまったく扱わない。たまに世間話で言う教師がいる程度である。私にとって社会はどういう構造になっていてなぜさまざまな問題が起こるのかまったくわからないものだった。これは闇夜を手探りで歩くようなもので、将来への漠然とした不安を抱かせる。教師もこうした社会問題に対してせめて自分の意見を言ってほしいものだ。といっても、私も言葉にできるほど明確な問題意識があったわけではない。もともと体育会系の人間だったので、高校時代はバスケット部の思い出がほとんどだ。

大学は東京水産大学（現在は東京海洋大学）に行った。これといった理由があったわけではない。国立で寮もあり、「安い」というのが最低条件であった。全国から学生は集まっていたが、徐々に都会出身の学生の割合が多くなってきた時代である。朝目覚めると寮の二段ベッドから運河をポンポン船が行き交うのが見えた。初めのうちはその音を聞きながら、寝ぼけた頭で「いったいここはどこなのか?」「なぜ自分はここにいるのか?」と呆然としたものである。信州出身者も意外と多い。後で知ったが、内水面漁業では信州はかなり先進的だった。私の地元安曇野はニジマス養殖では全国1位の出荷量であったし、佐久の鯉も江戸時代から有名である。諏訪湖のワカサギは稚魚か卵か知らないが全国の湖に送り出している。

子どもの頃はよく川で遊んだ。ニジマス養殖池の近くには逃げ出した魚がいて、それを狙って釣りをした。カジカもよく取った。父の話だと戦争前後までは漁師もかなりいたという。父の子どもの頃はダムもそれほど多くなかったので、サケやアユ、ウナギも海から昇ってきたし、魚の種類も量もかなり多かったという。大きな川に囲まれていて橋も少なかったので、渡し舟の仕事もあったという。

安曇野は、古く安曇族という海の民が九州から渡ってきたことに由来する地名だという説がある。このあたりのお祭りは、みなお船祭りである。毎年山から木を切ってきては大きな舟をつくり、お囃子連が舟に乗りその音に合わせるように村中で綱を引っ張って神社に船を奉納する。北アルプスという高い山々に囲まれた地でお船祭りというのは不思議なものである。

高い山や高原が好きで安曇野に移り住む人も大勢いる。しかし、子どもの頃の私はこの高い山が好きではなかった。まるで壁に囲まれているようで息がつまる気がした。雪をいただく常念岳の切り立った姿は美しいが、あまりにも厳しく高すぎた。それがもっと広い世界が見たいという漠然とした感情を私に抱かせていたのかもしれない。また、家からなるべく遠く離れたいという気持ちも強かった。これは誰でも一度は思うことかもしれない。もしかすると船に乗って遠くまで行けるかもしれないという気持ちもあっただろう。とにかく、将来を真剣に考えて大学に行ったわけではないことは確かである。もっとも山に関しては、どこに行っても高い山脈がないことにすぐに物足りなさを感じるようになるのだが。

そんな漠然とした行き当たりばったりの進学だったので、学業に励む気などほとんど湧いてこなかった。せっかく海に関係する学校に入ったのだから、という気持ちから潜水部に入った。スキューバダイビングをやってみたかった。船に乗ることは、学科が違い、残念ながら実現できなかった。

潜水部はかなりキツイ練習があった。毎月千葉の外房にある大学の実験場に合宿に行った。あこがれの広い海は目の前にあったが、練習ばかりであまり楽しむ余裕はなかった。しかし、海中はやはり別世界であった。変化に富んだ地形や海藻の林、さまざまな魚介類、初めて見るウミウシなどの不思議な生き物に満ちていた。その後も5年間、沖縄や伊豆七島に何回も潜りに行った。当然費用もかなりかかるのでアルバイトをやった。寮の黒板に毎日、その日のアルバイトの募集と条件が書き出されるので、いい条件のものは早い者勝ちで取った。結局さまざまなアルバイトとダイビングの思い出が大学生活の大半になってしまった。ほとんど「潜りの学生」状態だった。アルバイトはだいたい3K労働が多かったし、そのほうがアルバイト代はよかった。ダイビングの特技を生かした東京湾の水質調査というのもあった。ヘドロだらけの東京湾に潜ると舞い上がったヘドロで自分の手さえ見えなくなった。しかし学校の授業よりはアルバイトのほうがよほどおもしろかったことは確かである。大学でも、さまざまな社会問題が起こる仕組みを教えてくれる授業はない。ただ、なんの授業だったのか覚えていないが、戦時中から始まったフィリピンの抗日運動の話に興味をもったことを覚えている。内容の記憶も定かではないが、第2次世界大戦以前から続く日本とアジア諸国との関係に関心をもった。大学で初めて生々しい近現代史に触れたという思いがした。

また障害児教育の授業もおもしろかった。ヘレン・ケラーのような耳も聞こえない目も見えない状態で生まれた子どもに何をどう教えてゆくのかという問題は想像もできない世界であった。これもほとんど内容は忘れてしまったが、印象に残ったことを一つだけ覚えている。それは、「1、2、3、……」という数字や「東西南北」などの方角のような概念より「左右」の区別を教えるほうがよほどむずかしいという話だった。左右という概念は相対的なものなので、方角のように誰にとっても同じものではなく人の立ち位置によって変わるものだということを教えるのは、かなり苦労するらしい。なぜこのことを覚えていたのかというと、じつは私もこの左右がよくわからず苦労した思い出があったからである。これについてはまた後で書く機会があると思う。

3 卒論

大学で唯一やったと思うことは卒論であった。授業では劣等生だったし、一緒に海に遊びに行っていた友人の「卒論を必ずしも書かなくていいゼミがある」という誘いも魅力的だったので、漁業や漁師の立場から脱原発を訴えていた水口憲哉さんのゼミに入った。一応水産資源維持を研究するゼミであったが、何をやってもいいような自由な雰囲気のゼミだった。そんなゼミだったせいか、やるつもりもあまりなかった卒論を書いてみようかという気持ちになった。時間もたっぷりあった。暇つぶしだったのかもしれない。そのあたりは今でもよくわからない。ただ産業のあり方や社会の仕組みといった、学校では教えてくれなかった問題を自分で考えてみたいという気持ちはあったと思う。その頃も話題になっていた公害や食品問題が念頭にあった。

題名は「地場産業としてのニジマス養殖」であった。地元の安曇野では北アルプスからの豊富な湧水を利用してワサビ栽培やニジマス養殖がさかんであった。また精密機械工業も清冽で豊富な地下水を求めて地域に広がりつつあった。こうした地下水資源をめぐる産業の推移にも興味があった。公害も出さず息長く続く産業とはどんなものなのか。そこで、日本の地場産業で有名な新潟県燕市の洋食器を調べてみた。金属加工業と養殖業では比較するのは無理があるのではないかと言われたこともあったが、もともと広い意味での産業のあり方を念頭に置いていたので私にとってはどんな産業でもよかった。また、こじつけになるが、同じ信濃川の最上流と最下流にある産業という意味ではまったく無関係とも言えないような気もした。

安曇野のニジマス養殖はもともと北米輸出用に戦後始まったものである。洋食器というのも、名前からして輸出目的で比較的新しいものだろうと思った。たしかに洋食器の歴史はそんなに古くはなかったが、鎌などの野鍛冶や和釘といった金属加工の歴史は江戸時代から続くかなり古いものであった。だいたいは中小企業か家内工業で行なわれている点は、地場産業といわれるゆえんかもしれない。産物は時代によって変わるが金属加工が燕市の産業の中心であった。実際、円高で洋食器が行きづまると内需転換のためにゴルフ用品や台所用品などに多様化していった。ひところは燕市の洋食器は世界の市場を席巻するほどの勢いがあった。普通、地場産業というと零細で技術的には低い水準のものが多いと言われるが、燕市の場合はかなり高い技術レベルがあったのだろう。ニジマス養殖関係者に聞いても、技術レベルはかなり高度だとよく言われた。戦後は地方においても外貨（ドル）獲得に重点が置かれていたということがわかる。

そして変動相場制への移行とその結果としての円高は、こうした地場産業の方向転換を促した。30年も前から内需転換の努力が行なわれていたのだ。ニジマス養殖も北米輸出にだけ頼ることができず国内販売強化を考えていた。しかし、地元で消費者にアンケートをとってみたが、まだあまり食べられていなかった。年に1、2回程度、まったく食べない人もかなりいた。大都市の市場に重点を置いていたのだろう。地元では河川放流などによる釣り大会などの需要のほうがかなりありそうだった。

川魚は釣るもので買うものではないという気持ちが地元の人にはあったのだろうか。そこまでの意識調査はしていない。ただ、ゼミでは河川への放流は否定的な研究が多いことを知った。とくに外来魚の放流は、当時から研究者の間では在来の生態系を破壊するものとして問題視されていたのだ。

私の関心は当初から公害にあったが、地場産業に関してはほとんど深刻な公害はなかった。なぜなのか。とくに燕市のような金属加工業ではメッキ等の廃液処理は大きな課題であろう。しかし、そんな問題があるとはどこの資料にも載っていない。残念ながら実際燕市に行ってみたことはないが、いつか見に行きたいものである。結論から言えば、燕市も安曇野のニジマス養殖も中小企業あるいは家内工業的なものであり、当事者はその現場に住んでいることが多いという点だと思った。まずはその地域の住民なのである。そしてその地の利や歴史などを生かした生業をしているという感じであった。景気や社会情勢の影響は受けるが、そこでは地域の住民が資本家と労働者、生産者と消費者に分裂して対立し合うようなことはあまりない。その点、精密機械工業のような大きな資本と労働力を必要とする産業では少なからず問題が起きる。実際、最近では廃液によると思われる地下水汚染問題がたびたび起きている。また地下水位の低下も問題になってきた。ワサビのように自然の湧水を利用するものと違い、工業は地下水をポンプで汲み上げて使っているし、じつはニジマス養殖もかなり汲み上げている。

卒論のまとめとしては、産業という大きな視点からみれば、資本と労働、生産と消費とが離れすぎることが公害や消費者問題が起こる原因ではないかと考えた。その点で地場産業は、産業のあり方としてはかなりよいのではないかと思われた。この卒論での考察は以後自分の職業選択という意味でもつねに私の頭の片隅にあった。また地場産業の原点は農業であり、農家の副業としてさまざまな地場産業が始まったのではないかとも考えた。

下記は資本、労働、生産、消費の分裂と対立について、かなり後になるが就農後の1998年2月に、松本市のオーガニック・ショップ「八百屋おやおや」の「おやおや伝言板」というチラシに書いた文章である。

4　職業は哲学者?

「職業は何?」と聞かれてもなかなか素直に農業と答えられない。収入のほとんどが農業だから百姓と答えるのが当たり前なのだが、どうしても声が小さくなってしまう。次に聞かれる言葉はだいたい決まっていて、「収入はどのくらい?」「何をつくっているの?」「よくやっていけるね?」——こういった質問に答えるのが面倒臭くなってきたからだ。年収は加工トマトのおかげで今年やっと100万円近くまでなった。家の米の収入を合わせると180万円を一家3人でやっと稼いだ。父と母が若干の国民年金をもらっているのでなんとか暮らしていけるが、農協の銀行口座は常にカツカツである。技術的なことを聞かれるとますます気が滅入る。作物の知識が深いわけでも、これといった技術的成果があるわけでもない。しかも、現金が入るのは9月、10月のみで後はひたすら育てるだけ。冬の3カ月はほとんどやることがない。今年はドカ雪のおかげで、「おやおや」の「雪捨て」という予期せぬ臨時収入があった。みなさんも、もしまた大雪で雪の捨て場に困ったらぜひ私に連絡下さい。軽トラック1台3000円で捨てますから。

そんなわけで職業は「雪捨てです」と言いたいところだが、時給はよくてもつねに仕事があるわけでもない。秋に町田さん宅のリンゴ取りを手伝いに行ったとき、20代の無職の青年がいた。彼はフリーターというか風来坊に近い。こういう若者が増えるのは仲間が増えたようでとても心強い。彼も職業を聞かれるとどう答えてよいのか迷ってしまうらしい。そこで彼は考えた末、「絵描き」か「哲学者」と答えることにしているという。それを聞いて私は思わずほくそ笑んでしまった。だいたい絵描きや哲学者というのは収入が少ないか、ほとんどないのが当たり前である。しかし、いつかは人知れぬ努力が実を結び、後世に名を残す偉大な人間になるかもしれないという幻想を人に抱かせる。収入が少なくてもあまり責められることもなく、詳しい内容を聞かれてもわけのわからないことを答えておけば普通の人には通用するだろう。しかも、「やつは並の人間とはちょっと違うぞ」と、一目置かれるのは確実である。

そこで私もそれをそっくりいただいて「職業は哲学者です」と、これからは答えることにしたいと思っている。絵描きもいいが、私にそのセンスがないことは服装などを見られてしまえばすぐわかってしまう。その点、哲学者と答えておけば、ムッツリとしていようがボケーとしていようがきっと何かむずかしいことを考えているんだから、邪魔しないようにしようと、みんな気を使ってくれるだろう。それに、自分で言うのもなんだが私には哲学者としての素質もあるんじゃないかと思う。というのも、中学の頃まで私は右と左がわからずにずいぶん悩んだからだ。「箸を持つ手が右で茶碗を持つ手が左だ」と父に教わったが、私と父は向き合って食事をしていたので左右が逆に思えたのだ。しかも、父はもともと左ききで、箸とペンを持つとき以外は包丁も鋸も鎌もみんな左手で持つ。これでは何が何だか判らないではないか。右とは何か、左とはどっちのことだ？　という深く哲学的な疑問に幼少の頃出会ったことが、今の哲学者・雄一郎をつくったと言っても過言ではない。

おかげで私には世に言う「右翼か左翼か」「資本か労働か」あるいは東西対立といったものがさっぱりわからなかった。それに、私が生まれたのは森永ヒ素ミルク中毒事件の2年後で、その後消費者運動が起こり、水俣病や四日市ぜんそくなどの反公害住民運動も全国的に広がりつつあった。住民運動・消費者運動とともに育った世代なのだ。人間は土地やお金や株券を食べて生きているわけではないし、労働を吸ったり飲んだりして生きているわけでもない。水と大気と大地からの恵みなしには生きてゆけない。ゆえに哲学者・雄一郎の第一命題は「人間は本来、同じ地球の住民であり消費者である。そして資本や労働は人間が社会をつくってゆくためには不可欠だが、あくまで手段であるはず。それがいつしか目的となり地球に害を及ぼすまでになったのではなかろうか」ということである。この思いが今までの私を支えてきたし、これからもそうだろう。哲学は職業というより生き方に近い。ときどきくじけそうになるが、哲学者・雄一郎の思索はまだまだ続く。

「八百屋おやおや」とは私が農業を始めた頃から20年以上のおつき合いである。有機農産物を売る県内ではもっとも古い店だ。そこに毎月エッセイを書かせてもらっている。エッセイというより愚痴というほうが当たっているが、これは精神衛生上も大変助かったと感謝している。しかも原稿料も少しもらえた。

ところで本来手段であるべき資本や労働（経済と言い換えてもいい）がなぜ社会の目的になってしまったのか、本来の手段に戻すにはどうしたらいいのかということについては、その頃まだまったくわからなかった。日本人が守銭奴ばかりということはありえない。安定したある程度の収入を求める人がほとんどであろう。おそらく社会の仕組みとして経済が目的になっているのではないかというような漠然とした思いしかまだ浮かんではこなかった。このことについて、関曠野さんは「地球温暖化とポスト工業社会」（山崎農業研究所報『耕』112号、2007年4月）の中で次のように書いている。

「ポスト工業社会に向けた価値転換を課題として、欧米では緑の党が結成され活動してきた。二大政党に牛耳られたアメリカにおいてさえ緑の党は地方自治体のレベルでは首長を出すなど無視できない存在になっており、ラルフ・ネーダーがその大統領候補になったことも記憶に新しい。ただし緑の党は、従来の政党政治の延長線上にある党であってはならないだろう。19世紀以来の政党政治の背景にあったものは産業革命であり、工業化によって右肩上がりに増大する富の配分をめぐる階級や階層の争いだった。そういう階級闘争の先兵という点では、旧ソ連の共産党もアメリカの共和党も同じ穴のムジナでしかない。それゆえにソ連共産党の失権やアメリカの二大政党制の頽廃は、まさにポスト工業化への時代の転換を告げるものと言えよう」

「では党という制度がもう時代遅れで望ましくないとすれば、どのような展望が描けるのであろうか。これは、住民運動をやっている人からNGOや研究者、さらには芸術関係者まで、自分を白(右)でも赤(左)でもない緑だと感じている人たちの緩やかなフォーラムを作ったらよいのではないか」

「経済の基本的三要素は、資本、労働、土地である。これを党派に代表させると自民と大半の民主=資本、共産と社民=労働、緑=土地の論理や視点を代表していることになる。これを人間の生き方として要約すると資本=自民と民主=『儲ける』、労働=共産と社民=『稼ぐ』、土地=緑=『住まう』となるだろう。したがって緑の立場とは『住まうこと』とは何か、人間はどのように住んできたか、住んでいるかを考える立場だと言えるはずである。もっとも緑は儲けたり稼いだりすることを否定しない。ただ人間にとって『住まうこと』が根本と考えるのである」

以上は私が卒論で考えたことをじつにわかりやすく表現してくれていると思った。

5 就職

さて、いい加減ではあるがなんとか卒論を書き終えて、私は就職することになった。故郷に向かう電車の中で本屋で見つけた広瀬隆著『東京に原発を』（JICC出版局、1981年）を読みながら帰った。消費者もなるべく生産現場の近くにいるべきだという私の発想に近い題名であったことと、ゼミの水口先生がなぜ脱原発にこだわっているのかにも関心があった。ゼミではまったく話題にならなかったが、先生の研究室のドアには脱原発集会のポスターが貼ってあった。私も原発はあまりいいとは思わないが、エネルギーはどうするのか？　程度の思いしかなかった。しかし、『東京に原発を』を読んで考えが一変した。公害はあくまで一地方の問題であったが、原発の汚染や事故は一国あるいは世界レベルの破滅的汚染につながることを知った。その後チェルノブイリや福島原発事故でそれは証明されることになる。私は就職が決まり故郷に帰る電車の中で暗澹たる気持ちになってしまったのである。

就職は地元の水産市場である。朝に弱い自分がよりによって朝が一番早い水産市場へ就職するとは！　しかも原発問題を知り海洋汚染でゆくゆくは魚も食べられなくなるのではないかという不安も芽生えていた。水産市場に就職したのは、まずは実家に近いというのが選択の一番の条件だったからである。大学の先輩や友人も東京の築地や地方の水産卸売市場に就職する人が多かった。水産試験場や教職も考えなくもなかったが、公務員のような堅苦しい職業は向かないと思っていたし、勉強が嫌いだったので真っ先に消去した。ニジマス養殖場は家族経営がほとんどで求人などないことはすでに卒論のときに知っていた。自分で何かを始めるという起業家精神などもまったく持ち合わせていなかった。しかし、流通には多少興味があったしサラリーマンも経験してみたかったので、とりあえず近くの市場に就職した。進学も就職も、いい加減もいいところである。とりあえず、とりあえず、のくり返しのような人生である。

1年目は長野市勤務だったので近くのアパートから出勤した。車の免許は春休みに急遽取ってあった。案の定、毎朝遅刻した。最初は冷凍エビの担当だった。ほとんどが輸入品だ。北海道のアマエビやボタンエビが唯一の国内産である。アジアからの養殖物が多かった。マングローブを切りはらってつくった養殖場であることは後で知った。市場に勤めていても生産現場を知ることはまったくと言っていいほどない。当然消費者がアジアのエビ養殖場で何が起こっているのか知る由もない。安いか高いか、大きいか小さいか、規格がそろっているか、見た目がいいか。味はそれほど違うものではないので、そういう見た目が一番大事であった。流通はむしろ生産者と消費者を分断するものであることを知った。

農産物もそうだが、ほとんどの食品は中央卸売制度によって流通していた。主に東京の築地などの大都市の中央市場で値段が決まりそれが地方の市場に流れるという仕組みであった。東京の市場でなるべく高い値段がつくように生産現場は努力する。そこでは差別化と標準化が同時進行する。見た目や甘さや脂の乗りといった基準で評価される。また、規格化され均質なものを大量に、しかも安定・継続的に供給されるかも重要であった。これは台頭していた大手流通業界の要請でもあった。その結果、地方の産地はモノカルチャー的な単一作物の栽培を強化していった。それは「産地形成」と呼ばれた。当時はまだ産直や直売所もあまりなかった。信州で採れた野菜が東京経由で全国にまわり、地元の小売店やスーパーには他県のものが並ぶという現象は今でもよく目にする光景であるが、こういう流通の仕組みがあったからなのだ。こんなことを知るうちに急速に流通への関心が薄れていった。原発問題に対する不安もくすぶっていた。

そんなときに本屋で槌田敦著『石油文明の次は何か』（農文協、１９８１年）を見つけた。この本を読んでようやく農業を職業にしようと考えるようになった。槌田氏は熱力学の研究者で、世界史をエネルギーの視点から分析したものであった。人力から畜力そして石炭から石油へと移って現在の石油文明に至る。原発は石油の替わりにはならない。原発は電気しかつくれないし、その採掘から精製・加工などすべてに石油を必要とする。また、「トイレのないマンション」といわれるように核廃棄物の捨て場がない。石油は燃料としてだけでなくさまざまな素材に使われている。私たちの身のまわりは石油製品で溢れている。これほど多様な用途を持つ石油に替わりうるものなどないのだ。ここ数年ピーク・オイルが話題になっているが、石油の産出量はピークを過ぎつつあるのに、世界の石油需要は中国やインドなどを中心に増えている。原油価格はしだいに高騰するしかなかろう。しかし、エントロピー学会の設立者の一人でもある槌田氏は代替エネルギーには批判的である。そのほとんどが石油なしには開発できないものだという。石油はそのエネルギーを使って石油をさらに汲み出すことができたが、代替技術はその産出エネルギーだけで自らを再生産することができない。また、エントロピーとは一言で言えば廃熱・廃物のことである。エネルギー問題よりも廃熱が地球の熱循環システムの許容量を超えることを危惧していると私には読めた。地球温暖化で二酸化炭素が問題となっているが、廃熱も大きな問題なのだ。原発そのものは二酸化炭素をほとんど出さないかもしれないが、6割もの廃熱を温排水として海に捨てている。結局人間は愚かな存在だから核を閉じ込めておくことはできず、いずれは地球規模で核汚染は広がるだろうと予想している。長期的に見れば廃熱は異常気象を生じさせ砂漠化を進め食料危機という形で人類を襲うだろう。

なんとも空恐ろしい未来である。農的な暮らしや社会を取り戻すしかないと思えた。ダメとはわかっていてもジタバタとなんとかしようと考えるのも人間である。まずは自分の生き方を変えることからしか始めるしかないのではないかと思った。その頃の私は一種、加害妄想に囚われていた。「人に危害を加えない職業はないのだろうか?」と。

さらに本を漁っていたら槌田劭著『共生の時代　使い捨て時代を超えて』(樹心社、1985年)という本に出会った。よく似た著者名だと思い手にすると敦氏の弟さんであった。やはり工業文明の限界を知り京都大学の工学部助教授を辞めて農的な社会をめざし「使い捨て時代を考える会」をつくってさまざまな活動をしていた。その本の中で自分の体験から「身を捨ててこそ浮かぶ瀬もあれ」ということを書いておられた。石油文明の中枢である工学部助教授という職を辞してまで農に関わって生きることを選択したのだ。敦さんの本には衝撃を受けたが劭さんの本からは勇気をもらった。

ようやく農業に目を向けるようになった私だが、農家出身なので農業のきびしさはなんとなく知っていた。学生時代に夏休みで家に帰ったら、母がトウモロコシをつくって農協に出荷していた。減反で田に何かつくらなくてはいけないので、農協の勧めでトウモロコシをつくった。その年は運悪く豊作だったようで、価格は暴落した。荷づくり用の段ボール箱の費用も出せず赤字となった。そんな様子も見ていたのですぐに就農する気にもなれず、その後3年間市場に勤めることになる。やはり不安もあったし、多くはないが安定した収入があった。大学までは将来の夢もなく、もちろん収入もないので精神的にはかなり不安定であった。青春と言えば明るい印象を与える言葉だし、明るいものだとドラマなどでも演じられているように見えるが、まったくの嘘だと思う。少なくとも私には、青春は生活も精神も不安定でエネルギーだけが豊富でそれが空回りばかりする暗い時期としか思えなかった。顔では笑うこともあるが、心底楽しいと感じることがない。唯一酔っているときだけはすべて忘れていられる。そんな時期であった。就職して安定した収入を得ることができたことで精神的にかなり安定した。それを捨ててまで就農しようというほどの覚悟もなかった。長野市内の有機農産物の共同購入グループに相談に行ったが、農業だけで生きてゆくのはまだむずかしいと言われた。

松本に転勤になり実家から通勤することとなった。市場の仕事は朝が早いだけでなく休みも少ない。担当は塩蔵品の魚卵関係であった。魚卵とはタラコやイクラ、数の子や明太子などである。酢ダコや味付けタコ、塩辛なども扱った。やはりほとんどが輸入品である。相変わらず朝はいつも遅刻した。周囲には迷惑をかけたし、上司からのいじめもかなりあった。すでにほとんど仕事に対する熱意はなかったせいでもあろう。だが、まったく仕事に興味がなかったわけではない。おもしろいこともあった。誠意をもってよい商品をすすめれば、それなりに顧客から信頼される。しかし、あまりに先が見えてしまい自分の人生はこのままでよいのかという疑問は拭えない。安定していたからこそ、逆に将来が見えてしまった。日曜は疲れてほとんど寝ていた。あまり気分転換が上手にできない性格なので、仕事以外のことを考えられなくなり息苦しい毎日が続いた。

松本に転勤して4年目に入ろうとしていた。毎年3月には配属希望を出すが、もう企業社会にうんざりしていたせいか、「どこでもいい」と書いた。すると一番嫌いで苦手であったスーパー担当に配属された。これがきっかけであった。何かなければとても会社をやめる勇気などなかった。踏み出しの一歩はとてつもなく大きなものである。初めての会社だったからそれなりに愛着もあった。

異動の辞令が出た次の日には同僚に辞めたいと伝え、なんと京都へ向かって電車に乗っていた。「使い捨て時代を考える会」の槌田劭さんに会ってみたかったからである。京都駅前の旅館に予約した後、槌田さんに電話をかけた。夕方だったにもかかわらずすぐに会ってくれた。翌日、紹介された「使い捨て時代を考える会」の安全農産供給センターに行った。話を聞くと「農協より農協らしく生協より生協らしく」をモットーとし、出資金額にかかわらず1人1票の議決権を持つ協同組合的運営を行なう株式会社方式だという。槌田さんたちが会を始めた当初はリヤカーを引っ張り廃品回収しながら農家から仕入れた卵や野菜などを配ったという。その後かなり広がったため供給センターまでできていたのだ。私より若い職員の部屋で一泊させてもらい、翌日は会の運営する実験農場を見学するために奈良に向かった。信州とは違い暖かいので、すでにさまざまな野菜が栽培されていた。少し手伝いをしたが、疲れがどっと出たためか風呂で寝てしまい心配をかけた。槌田さんもわざわざ来てくれて遅くまで話した。いろいろな話を聞いたがほとんど覚えていない。私とすれば実際に槌田さんという人がいて、本当に「使い捨て時代を考える会」があったということだけでほとんど満足していたような気がする。ただ、槌田さんから「できるだけ結婚は早くしたほうがいい。家族がいるということはそれだけで何をするにも信用される」と言われたことははっきり覚えている。残念ながらそれが実現するのは二十数年後のこととなった。結婚は会社にいるうちが一番いいと言われたような気もするが、辞めると決めてしまっていたので元に戻すことはできなかった。

6 就農

いよいよ就農することになった。すでに28歳になっていた。さっそく、野菜の播種を始めた。しかし、いくら待っても芽が出てこない。毎朝見に行くが、まったく変化がない。イライラしてきた。発芽に10日から2週間かかるものも普通だという。これには驚いた。というより、こんな当たり前のことに驚く自分の感覚に驚いた。これでは収穫までに大変な時間がかかるのではないかと思った。実際一番速いものでも2~3カ月もかかる。1年に一度しかできないものは当たり前である。米にせよ何にせよ1年に一度しかできないとなると、これから40年栽培したとしても40回しかできないのだ。

市場ではほしいものがあれば電話で注文すれば翌日には届く。それをうまく売りさばけばすぐ売上となる。そうした毎日の売上を積み重ねていけば、月間の売上目標到達も可能である。毎日目に見える数字というかたちで結果を出すことができた。この感覚が自分の体にしみ込んでいたのだ。種を播けば次の日には野菜を売りに行けると思っていたわけではないが、体の感覚としてはそう感じていたのだと思う。収穫から収入につなげることは容易ではないと思った。

そこで、定期的な収入を得るために新聞配達をすることにした。またまた朝早い仕事である。たびたび寝坊をしたが、よっぽどのことがない限り新聞店主からは注意されなかった。あまりに遅いときは配ってもくれた。月4万～5万円であったが大変助かった。家があり若干の田畑があれば人間一人が生きていくにはこれくらいの収入で十分であることがわかった。自由な時間が増えたことも嬉しかった。自分ですべてを計画し、何もかもやらなくてはならないが、それもなかなかおもしろかった。父母や伯父、叔母に聞きながら少しずつ覚えていった。

その頃思ったことを大袈裟に言えば「人類の退化と隷属」――人類は退化して文明に隷属しているのではないかということだった。中学生だった1970年に開かれた大阪万博のキャッチフレーズ「人類の進歩と調和」を皮肉ったものである。農家の生まれながら自分の食べるものさえ何もできない。これはやはり「人類の退化と隷属」と言うしかないではないか。

まずは自給を基本にした有機農法をめざした。いろいろな本を読んだところ、それが一番よさそうであった。収入はすぐには多くなりそうもないので、支出を減らすためにも自給が基本である。鶏やヤギも飼った。できた野菜は軽トラックに乗せて売り歩いた。自由な時間があったためいろいろなところに顔を出した。しだいに知り合いが増えていった。地域には本当にさまざまな人がいるということを知った。農業のほかにもやりたいことはたくさんあった。その頃一番関心があったのは原発問題や環境問題だった。

しかし、私の住む中信地方にはその頃有機農業をやっている人は誰もいなかった。佐久市を中心とする東信にはかなりの人がすでに有機農法をやっていた。それは佐久総合病院の若月俊一医師がいたからだろう。早くから農民に広がる奇妙な病気を調べ、それが農薬によるものであることに気づいて警鐘を鳴らしていた。安曇野近辺は稲作が中心であったので野菜ほど農薬を使わずにすんだからなのか、有機農法をやっている人はいなかった。そんな地域で有機農業を始めるのは大変なことであった。今でこそ有機農法は市民権を得ているが、当時は奇人変人扱いである。近隣の人からは「大学まで出て百姓はもったいない」と口をそろえるように言われた。近所の保育園児に集団で「変なおじさん！」と言われたこともある。昼間から田畑に出ている若者などまったくいないのだから、当然かもしれない。しかし、保育園児がそんなことを考えるはずはないから、親が話しているのを聞いて真似していたのだろう。思わず肩をすくめた。実際自分でも変なところはかなりあると思っていたので反論はできない。しかし、多少は君たちの将来の環境を守ってあげられるかもしれないと思っているのになあと思った。

有機農業に対する父の反発が一番大変だった。農家にとって自分の農法は人格に等しいほど大切なものらしい。父の世代は戦後の食料難＝食料増産時代で、農薬と化学肥料によっていかにより多く収穫するかが農法の目的であった。その基本である農薬と化学肥料を否定されることは、それまでの自分の農法と人格を否定されるようなものだったのかもしれない。せっかく育てた野菜にたびたび農薬をまかれた。実際に病気や害虫が多かったからでもあったと思う。私の技術はまったく未熟であった。しかし、有機農業の否定は私の人格や人生の否定のようなもので、よくケンカになった。これでは当分有機農業などできないかもしれないと思った。仕方なく加工用トマトをつくって農協に出荷することにした。加工用トマトは通常、農薬も化学肥料もかなり使って10a当たり8tほど収穫するが、農薬も化学肥料も半分ほどに抑えて、5、6t収穫することができた。やりたかった有機農法が思うようにできなかったこともあり、社会問題に取り組み始めた。

7　住民運動

その頃、母の所属する宗教団体が企画した広島への平和学習の旅があった。一度は行ってみたかったので参加した。広島の原爆資料館は衝撃的だった。帰ってきてから「町民が綴る戦争体験記」をつくりたいと思い、「穂高町戦争体験を語り継ぐ会」をつくって原稿を募集すると、すぐに50名を超える人から寄せられ、1987年に『穂高町の十五年戦争』（郷土出版社）という本ができた。販売部数もあっという間に2000部を超えた。いかに多くの人が戦争体験を残す必要性を感じていたかがわかる。しかし、なぜ戦後すぐこういう動きがなかったのか不思議である。町内に個人的にコツコツと体験記を集め自費出版している人がいた。その方は南方の島で大変な体験をして九死に一生を得た。悲惨な体験が体験集を何冊も出し続けた原動力だったのか。悔しさや怒りがかなりあったのではなかろうか。

その当時は大分県中津市の作家・松下竜一さんが中心になって発行されていた「草の根通信」を読んでいた。全国のいろいろな住民運動の報告が載っていた。その影響もかなりあったと思う。しかし、一番おもしろかったのはなんといっても松下さんの随筆だった。日々の暮らしの喜怒哀楽が赤裸々に書かれていた。関曠野さんを知ったのもこの「草の根通信」であった。『野蛮としてのイエ社会』（御茶の水書房、１９８７年）が紹介されていた。その解説を読んですぐに取り寄せ、あまりにスケールの大きな歴史・思想の書であることに驚いた。以後、松下さんと関さんの本にはまっていった。もう一人、農業関係では守田志郎さんの本に心酔した。これほど日本の村と農民に寄り添うように農を考えた人はいないと思う。農民自身が知らないうちに農の外から洗脳されているような思想を一つひとつ剥がしてゆく。つくづく私はよい本に出会ったと思う。「よい本」というのは人それぞれだろうが、私にとっては社会の仕組みやその問題点を教えてくれる本がそれであった。

戦争体験集ができあがり一息ついたと思ったら、今度は旧ソ連でチェルノブイリ原発事故が起こった。その放射性物質は日本にも降り注いだ。たちまち反原発運動が県内にも広がった。大型バス２台を仕立てて伊方原発反対のために四国電力本社のある高松に抗議に行った。各地で反原発のグループができ学習会も頻繁に行なわれていた。神奈川県から穂高町に移住してきた南部正人さんと出会ったのも反原発集会であった。その後、南部さんとは一緒に「省力・低コスト稲作実験田」をやることになる。新規就農・Ｉターンの走りであった。バイオリン教室と家庭教師をしながら農業をやるという半農半Xの先駆者でもあった。

時代はバブルに入ろうとしていた。原発だけでなくリゾート開発の嵐が地方を襲ってきた。安曇野でも大規模な開発が計画されていた。その核となるのは建設省（当時）が企画した「国営アルプスあづみの公園」であった。この公園は環境省の管轄である国立公園や国定公園のように自然保護を目的としたものではなく、あくまで開発目的の都市公園であった。北アルプス山麓の里山を買収して都市住民のためのレジャー施設をつくろうというものであった。さらにその上部には長野県が県営公園を計画していた。ロープウェイを中核とするテーマパークのような施設であった。そのアクセス道路として4車線の高規格道路が松本から糸魚川までつくられようとしていた。公園の周辺には民間のゴルフ場や大規模リゾート施設の計画まであった。しかし住民の反対運動で県営公園は内容を大幅に変更せざるをえなくなる。バブルの崩壊で民間のリゾート計画は頓挫し、ゴルフ場も最終的にはあきらめた。国営公園と高規格道路の計画だけは進んでいたが、その頃になると1991年に決定した長野オリンピックのための公共事業に県も国も力を入れ始めていた。

オリンピックの公共事業もひどいものであった。アクセス道路は農林予算、滑降コースのゴール地点は砂防予算というように補助金の流用が公然と行なわれた。市民団体「オリンピックいらない人たちネットワーク」の江沢正雄さんたちが招致費返還訴訟までやった。しかし、当初から司法も警察もあらゆる組織がオリンピックの名のもとに翼賛体制化していた。江沢さんらを呼んで公共事業と財政問題を考えるシンポジウムを開いたが、そのときは私の家にまで夜中に無言電話が何回もかかってきた。悪天候の中強行した道路と橋の建設工事では土石流で多くの死者まで出した。地元の人は危ないからと出かけなかったが、北海道や東北地方から出稼ぎに来ていた人たちが大勢亡くなった。視察にきた建設大臣は開口一番、「これは天災だ」と言った。

結局この国には民主主義などなかったのだ。法もほとんど無力であった。国営公園は計画から何十年も経過しているが、今もって誰がいつどこで誰と何を議論して決定したのかまったくわからない。その建設内容も直前まで明らかにされなかった。それをマスコミもまったく知らせない。どこか知らないところで私たちの未来が決められている点では、なんら戦時中と変わらないと思った。

そしてこの頃から政治を変えなければどうしようもないと思い始める。それは言い換えれば税の流れ、マネーの流れを変えるという意味でもあった。金融やマネーに何か根本的な問題があるのではないかという思いも浮かんできていた。ゴルフ場の乱立などはバブルのアブク銭が原因としか思えない。

一方、「省力・低コスト稲作実験田」は失敗ばかりであった。家の近くでは父の反対もありあきらめ、町の反対側に田を借りた。最初は野菜の引き売りから始めたが、有機稲作をどうしてもやってみたかった。高齢化でいずれは地域の農地を守るために水田をやらなければならなくなるのではないかという思いもあった。野菜は収入は米よりいいが、面積はあまり広くできないからだ。不耕起田植えやコイによる除草もやったが失敗した。収穫皆無という田もあった。除草の大変さを思い知らされた。アイガモ農法を試みたのもこの頃であるが、ハウスで雛を飼っていたら猫に入られ全滅した。また、山麓の棚田を利用してオーナー水田もやった。15枚で5反という小さな棚田である。オーナーのなり手はすぐに見つかった。主に住民運動で知り合った仲間たちである。自然農法でやる人もいた。代掻きしていない硬い田に棒で穴を掘りながら苗を植えた。ヤゴが手をかんで痛かった。収量は少なかったが皆楽しそうにやっていた。農作業はなるべく大勢でやるほうが楽しい。秋にはトンボが空一面を埋めつくすように舞った。田を起こさないと生物が豊富になるのかもしれない。

そのとき、自分の田畑は町外れのちょうど東西南北に位置するようにあった。町中を走り回っていたのだ。そのうえ住民運動も忙しかった。「国営アルプスあづみの公園・友の会」という団体をつくって活動していた。「友の会」という名前は、公園の中身や目的がまったく不明であやふやだったので、反対とも賛成とも言える段階ではないという意見からである。何回か公園事務所とも話し合ったが、すべて非公開でマスコミを入れないことを条件としていた。

8　選挙

「政治を変えなければいけない」という思いから、1998年に結成されたばかりの民主党に入った。住民運動を一緒にやっていた及川稜乙さんから誘われた。全共闘出身で諏訪中央病院院長から参議院議員になっていた今井澄さんの支部である。その頃、関曠野さん編著の『ウォルフレンを読む』（窓社、1996年）に衝撃を受けていたのでウォルフレンの講演会をしたらどうかと言ったら、ちょうど参議院選挙を控えていた時期でもあり、党首であった菅直人を一緒に呼ぶことになった。オランダ人ジャーナリスト、カレル・ヴァン・ウォルフレンは、『人間を幸福にしない日本というシステム』(毎日新聞社、1994年)をはじめとする数々の著書や「アカウンタビリティ」(説明責任)という言葉で有名だが、結局彼が言いたいのは、日本の政治問題の根元は透明な意思決定機関がないということ、機能していないことだと私は理解している。

そして「菅直人・ウォルフレン対論集会　日本はどうしたら変えられるか」を開いて私が司会をしたが、600人近い参加者があり、あがってしまいまったくうまくいかなかった。わざわざ来ていただいたウォルフレンさんや参加者には大変申しわけない結果になってしまった。民主党にそれほど期待していたわけではないが、ウォルフレンさんを市民集会のかたちで呼んでくれたことには感謝している。

その後、オリンピックも終わり、2000年の知事選挙は翼賛体制下での無風選挙になると思われていたが、なんと田中康夫が立候補して当選してしまった。オリンピックでは少数意見を抑え込んだり無視したりしていた県民が異端の作家を知事にしてしまったのだ。これはなぜなのか、今でもわからない。私が選挙に積極的にかかわったのはこのときが初めてだった。田中がたまたま高校の同級生であったこともあり、勝手連の応援団長を2回やった。田中は反対運動のあったダムや高規格道路や廃棄物処理施設をみんな止めてくれた。オリンピックで莫大な借金を背負って県の財政が破綻していたことも要因だったろう。

住民運動からほぼ解放され、ようやく農業に専念できる環境ができた。ところが、県議会やさまざまな利権団体は依然勢力が強かった。田中知事は「ガラス張りの知事室」や「車座集会」、「どこでも知事室」などにより、直接民主主義に近い改革を次々と行なった。誰でも知事に直接意見を言ったり提言ができるようになった。これは議会の猛反発を受けることになった。2002年7月の県議会不信任決議を受けての9月の出直し知事選で圧勝した後は議会の改革が焦点になった。そして私も2003年4月の県議会議員選挙に立候補を決意する。出直し知事戦の勢いもあった。改革派はかなり当選したが、残念ながら私は落選した。といっても、南安曇郡選挙区では改革派が二つに割れたにもかかわらずかなりの得票があり、1人は当選した。しかも、すでにこのとき民主党を離党していたので、何の組織も資金も経験もない手探りの市民運動型選挙であった。直接民主主義的な改革に賛同していたのに議会に立候補するというのも今から考えれば矛盾しているが、議会に対する怒りだったのかもしれない。

地方議員は無所属がほとんどであるが、実質的には自民党支持が多い。戦後の自民党独裁土建型利権体制は自民党と地方議員のつながりによって維持されていたのではないか。自民党は地方議員さえ抑えておけばいいと思っていたのか、地方議員も与党とつながっていれば利益誘導で当選できると考えていたのかもしれない。地方議会はほとんど行政の承認機関となってしまっていた。少数意見や反対意見はほとんど代弁されることはなかったし、たまに当選する市民派議員はイジメにあって潰されるか黙殺された。田中康夫は直接民主主義的なさまざまな手法や制度を導入することでここに風穴をあけた。しかし、制度や手法だけでは改革はできない。首長の感性があって初めて機能すると思う。声なき声に耳を傾け時代の課題を読み取るという感性が田中にはあったと思う。田中のつくった「地域発　元気づくり支援金制度」や「新規就農里親支援制度」はまだ生きて地域を支えている。私も里親として3人の里子の世話をした。

ただ、田中は挑発するのが好きな性格だったため最初はおもしろく県政が身近に感じられたが、やりすぎて飽きられたり嫌われたりした。3度目の選挙ではなんのめぼしい公約もない相手に反田中で一本化され破れてしまった。

初めての選挙当事者の経験は大変ではあったが、おもしろくもあった。住民運動は個別の課題で集まるが、選挙となるとさまざまな人がさまざまな思いで集まる。違った意見の人も当然大勢いる。こうした意見をまとめる知恵も余裕も私にはまったくなかった。住民運動は反対していればよかったが、選挙となれば当然異なる意見をどうまとめ、代案や提言のかたちにしていくかが問われる。また、演説も大の苦手であった。応援演説をしてくれる人たちのほうが圧倒的に話がうまくおもしろかった。自信はますますなくなってきたが、父の反対を押し切ってまで始めたことでもあり、大勢の人が手弁当、手づくりで協力してくれた。途中で投げ出すこともできない。とにかく最後までやり遂げることはできた。

9　農法

落選後は公約でもあった環境保全型農業の推進に力を入れた。2004年4月には福岡県の古野隆雄さんを呼んで「誰でもできるアイガモ農法」という講演会をやった。100人近い参加者が来てくれた。酒蔵と協力してアイガモ農法でできた無農薬の酒米でお酒をつくることになった。4軒の農家がやってくれた。私の場合は一部現物支給にしてもらったのでお酒は飲み放題であった。一人で飲んでいてもつまらないので学生を呼んで大宴会も開いた。一晩で50本くらい飲んだこともあった。酒米づくりはあまり儲かるものではないが、趣味としては最高である。あまりに飲みすぎたせいかその後糖尿病になってしまうというとんでもないおまけまでついた。有機農家の面目丸潰れである。当時、私が事務局をやっていた「安曇野アイガモ会」のキャッチフレーズは「お酒とつまみが同時にできる田んぼ」である。つまみはもちろんアイガモ肉である。

アイガモ農法のネックは役割を終えたアイガモの処理である。大変おいしい肉なのに、解体してくれるところが少ない。小さな鶏肉屋がなくなってしまったので地域に鶏の解体をしてくれるところが見つからない。茨城県まで持って行ったが、あまりに遠くて一度で懲りてしまった。県内にもやってくれるところがあったが、水鳥なので羽根がなかなか抜けずあまり歓迎されない。アイガモ農家が毎年集まって自分たちでやっていたが、法律では一応禁じられている。もちろん販売はできない。解体施設の建設が課題だが、少なからず資金が必要なのでなかなか進まなかった。しかし2013年、アイガモ会の事務局である津村孝夫さんが解体施設を建て、カモ肉の販売もできるようになった。アイガモ農法は無農薬の除草技術とすればかなりよい方法ではある。しかし、網を張ったりキツネ除けの電気柵をしたりカラスやトンビから雛を守るためにテグスを張ったりしなくてはならない。それでもキツネが入り一晩で全滅することもある。田に放してからはかなり緊張するが、地域の散歩コースになり子どもたちにも評判がよい。地元の小学校では授業に取り入れているところもある。解体も一緒にやったが涙を流している女の子もいた。しかし、「アイガモたちも虫や草をいっぱい食べて大きくなったんだよ」と説明するとしっかりと羽根をむしっていた。

私は篤農家ではない。農業はできるだけラクをしてやりたいとつねに思っている。就農して真っ先にやったのが福岡正信の自然農法である。耕さずに米と麦を連続して栽培する。ただ種を播くだけに思える農法だった。これは見事失敗に終わり1年であきらめた。最近はアイガモ農法も手間がかかるので面積を減らしている。そのかわり輪作を取り入れた。米の後、加工トマト、その後麦を播き、麦の収穫後は大豆をつくりまた米に戻るのが基本である。すべて無肥料無農薬でできる。

加工トマトは埼玉県の高橋ソースさんとの契約栽培である。収量は普通の約半分であるが価格が2倍なので、ほぼ同じ収入になる。経費もマルチ代くらいだし、労力はかなり減った。麦と大豆はNPO法人無施肥無農薬栽培調査研究会（無施肥研）というところが買ってくれる。有機質肥料もほとんど使わなくなってしまった。だいたい堆肥をつくるのが億劫だし苦手であった。緑肥もいろいろ試してみたが、レンゲも菜の花のすき込みも失敗した。どうも私のようなぐうたらな人間には堆肥を使いこなすことは無理なのではないかと思い始めていた。そんなときに無施肥研と出会った。岡田茂吉が提唱した自然農法が三つに別れ、その一つが無施肥研である。見た目はほとんど普通の田畑と変わりないが、中身はまったく違う。肥料は有機物も含めいっさいやらないし、しかも「連作」が基本である。ただよく耕すようだ。「収奪農法ではないか?」と聞くと、「もっと作物と土の力を信じなさい」と言われた。もうこれは宗教だなと思った。実際宗教法人を母体としているが、その農法までが宗教かどうかはともかく、にわかには信じられない思いだった。しかし、輪作の効果は守田志郎さんも強調していたし、ＮＰＯ法人民間稲作研究所でも推奨している。荒れた土地の管理をよく頼まれるが、そこを田にすると1、2年は雑草がまったく生えないし、肥料も要らないことは経験ずみであった。輪作ならば無施肥でやってみたいと言うと、無施肥研はそれでもいいと了解してくれた。麦、大豆は機械さえあればこんなにラクにできるものはない。収量も慣行農法とほとんど変わらない。米は除草さえしっかりやれば2、3割減ですむ。生食用のトマトで無施肥連作も少し実験しているが、ちゃんとできるし味もかなりよい。農業の不思議さ奥深さにいまさらながら驚かされる。

10　自治とマネー

また選挙後には、関曠野さんを招いて「民主主義の再定義」と題する講演会を開いた。これも

100人を超える人が聞きに来てくれた。スイス政治の紹介を通して民主主義を問い直すものであった。驚くことばかりであった。地域自治がしっかりしていて政府や政党の役割は限定的なものに思えた。たとえば比例代表で一定数以上を獲得した政党はすべて入閣して内閣を構成しているという。野党がいないのだ。権力争奪戦ばかりやっている国々とはまったく違う。大統領もいるが、電車に乗っていてもわからないほど普通の人らしい。あまり権限がないのだろう。住民投票などの下からの民主主義が徹底しているのだ。自治体とそれが集まった州が権限のほとんどをもっているようだ。外交まで州単位でできるとも聞いた。直接民主主義の国と言われるゆえんである。

そういえば日本でも江戸時代までは村や町の自治能力はかなり高かったらしい。明治時代から近代化と中央集権政府によって村の自治は次第に破壊されていったのではなかろうか。近代化はとうの昔に終わり、グローバリズムも破綻しつつある現代においては、村や町から始まる誰でも参加できる自治が重要になってきていると思う。

また、関さんのベーシック・インカムについての講演を東京で2度聞き、ダグラスの社会信用論を知って、「本来手段でしかないはずのマネーがなぜ社会や人生の目標になってしまったのか」というつも私の頭の片隅にあった疑問を解決する糸口がようやく見えてきた気がする。関さんは「人々は『経済』を自然現象のような自明な事実と思い込んでいて、『経済』はあくまで制度の産物であることに気がつかない」と述べている。制度が間違っていたり人間が制度の奴隷になっているならば、そんな制度はつくり直せばいいだけである。ベーシック・インカムによる経済民主主実現への道のりはやさしいものではないとも思うが、長野県中川村の曽我一郎村長は、同村ホームページの「村長からのメッセージ」で、ベーシック・インカムの「国レベルでの実施に先立ち、もっと小さなかたちで実証実験できないだろうか。その舞台にわが中川村がなれるなら、名誉だと思う。村発行の地域通貨(地方政府通貨)によって、たとえば農地を守る村民や高齢者を介護している村民から始めて、毎月一定額を支払えないか」と述べている。マネーという制度の変革も含めた地域自治による新たな国づくりにはまだかなりの時間が必要なのかもしれないし、意外と早く実現するのかもしれない。

さらに今回、本書でも述べられている「輸送の文明から居住の文明への転換」については、ほとんど住まうこと、暮らすことを仕事の目的とした農家に近い考えだと思うし、「経済学的文明から地理学的文明への転換」については、大正から昭和初期にかけて信州の地で「風土産業論」を展開した地理学者・三澤勝衛を思い出す。関さんは「地理学者の目には、あらゆる地域は個性的な顔立ちをもっており、この土地の個性を把握することが地理学の課題である」と述べているが、三澤は、「風土」とは、大気と大地が触れあっているところになりたつ「もはや大気でも大地でもない、気候でも土質でもない、独立した接触面」のことであり、この接触面=風土の特徴こそ「地域の個性」「地域の力」の源泉であるとした。現在でも、同じ安曇野で少し移動しただけで地形も気象も作物の育て方も暮らし方も大きく変わることがある。三澤の時代には、地域の自然に密着したもっと多様な生活様式があったことだろう。

11　おわりに

２０１０年10月1日、当時の菅直人首相がＴＰＰ交渉への参加の検討を表明した。そして前原誠司氏の「１・５％を守るために98・５％が犠牲になっている」発言。しかし私は逆に、ＧＤＰの１・５％で国土が維持されていることに驚いた。信州の山奥に行くと耕地は道沿いのわずかなところにしかないが、その険しい農地がきれいに耕されている光景を目にして、同じ農家としてその苦労が想像できるだけに目頭が熱くなってくる。ＴＰＰの議論では農業を日本のお荷物のように言う人もいるが、これは人間が自分の体をお荷物だと言うに等しい愚かな物言いではないか。農業は補助金で保護されていると言うかもしれないが、自動車産業などは網の目のような道路網や橋の建設、その維持管理を必要としているし、信号や交通法規や交通警察、救急車など莫大な社会インフラなしには成り立たない。これだけでも戦後何百兆円注ぎ込んできただろうか。将来も維持管理だけで大変な公金を必要とするだろうし、円高で輸出が減ると政府は大規模な為替介入をして円安に誘導しようとする。輸出産業と農業、いったいどちらがお荷物なのか。

２０１１年3月11日、市の農産加工施設で10軒くらいの仲間と味噌を仕込んで家に持ち帰り、2階の部屋で休んでいるとき、グラグラとかなり大きな揺れが長時間続いた。それ以後、テレビに釘づけの状態が何日か続いた。津波の猛威も衝撃だったが、福島原発の事故は最悪だった。もしかしたら安曇野で暮らせなくなるのではないかという恐怖さえ感じた。「新規就農里親支援制度」の里子の1人は九州へ避難するように移住し、もう1人の里子は就農を断念した。そして入れ替わるように、福島から避難してきた30代の若者1人と私と同世代の1人、計2人が就農した。

個人的にも大変な変化があった。2013年、農的生活をめざして東京から安曇野にやってきた女性となんと56歳にして結婚した。婚活パーティーで知り合ったやはり初婚の55歳の女性とわずか5カ月後の入籍だった。そして今、新婚（晩婚？）生活の真っただ中。非婚化や晩婚化は農村でもかなり進行して問題となっている。ベーシック・インカムが実現すればかなり変わるとは思うが、さまざまな家族形態が試される時代なのかもしれない。

個人的にも日本や世界も激動の数年だった。福島原発は廃炉どころか事故の収拾の見通しさえ立たず予断を許さない。世界経済の落ち込みも顕著になり激動はまだまだこれからも続くだろう。だが、グローバリズムの時代は終わり、経済学的文明から地理学的文明への転換の時代が始まっていることは明らかだ。

藤澤さんは農家に生まれたから今農業をやっているのではない。彼は一度家業を捨てた。そして広い世間に出て社会のさまざまな矛盾に気づく中で自分が納得できる生き方を探し求めた。その結果、納得できる生き方としてあらためて農に出会ったのである。

この手記が示すように彼はかなり失敗もしている。だがめげなかった。根性論で頑張ったのではない。彼の価値基準が成功か失敗かではなく納得できるかどうかだったから少々の失敗など気にならなかったのだろう。そして彼の考え方自体が農作業に似ている。彼は辛抱強く丹念に自分の思想を育てていくのだ。ここでは生活と思想は一体であり、彼は農的生活者にして農的思想者である。そして今日までの彼の軌跡は、農業から農への視座の転換の模範的な例であろう。

藤澤さんが高校生になった前後に世界は石油ショックに見舞われた。そしてこれ以後、日本の社会はかつての戦災からの復興や高度経済成長のような自明な目標を見失い、閉塞と深い混乱の中にある。だがその一方で、１９７０年代以来、藤澤さんのように試行錯誤しながら国の新しい在り方を模索し自ら実験的な生き方をする人々が、とくに地方で飛躍的に増えている。表面の行き詰まりと混乱をよそに、ひそかに新しい日本が生まれてきているのである。

関　曠野

【初出一覧】

関曠野　グローバリズムの終焉――経済学的文明から地理学的文明へ

序章～第4章　書き下ろし

補論　状況への発言

1　村の自治、都市と国家の民主主義――惣村自治の記憶が掘り起こされるとき

（『増刊現代農業』2003年8月号「21世紀は江戸時代」）

2　「番組小学校」に結実した京都・町衆の自治の精神

（『増刊現代農業』2006年11月号「よみがえる廃校」）

3　貿易の論理 自給の論理（山崎農業研究所編『自給再考』2008年11月刊）

4　アメリカ発国際金融危機から見えてきたこと――時代はグローバルからローカルへ

（『増刊現代農業』2009年2月号「金融危機を希望に転じる」）

5　基礎所得保証（ベーシック・インカム）と農が基軸の地域計画で自給型経済へ

（『増刊現代農業』2009年8月号「農家発若者発　グリーン・ニューディール」）

6　世界貿易の崩壊と日本の未来――TPP―タイタニックに乗り遅れるのは結構なことだ

（農文協ブックレット『TPP反対の大義』2010年12月刊）

藤澤雄一郎　特別寄稿　私にとっての農的生活　書き下ろし

著者略歴

関　曠野（せき　ひろの）

1944 年、東京生まれ。早稲田大学文学部を卒業後、共同通信社に入社し、名古屋市支社、国際局海外部などをへて 1980 年からフリーランスの文筆業。思想史、経済などの分野で論文、エッセーを発表して現在に至る。ルソー論「ジャン＝ジャックのための弁明」を執筆中。著書に『プラトンと資本主義』（北斗出版、現在ははる書房が委託管理）、『ハムレットの方へ』（同前）、『民族とは何か』（講談社現代新書）、『フクシマ以後――エネルギー・通貨・主権』（青土社）など。訳書にヒレア・ベロック著『奴隷の国家』（太田出版）。愛知県豊橋市在住。

藤澤雄一郎（ふじさわ　ゆういちろう）

1957 年信州安曇野生まれ。松本深志高校をへて東京水産大学（現東京海洋大学）卒業。有機農家。1987 年『穂高町の十五年戦争――町民がつづる戦争体験記』（郷土出版社）の発行に事務局長として携わる。現在、アイガモ農法で酒米やコシヒカリを栽培。無施肥無農薬栽培で加工用トマト、小麦、大麦、大豆、黒豆、米などを育てている。

シリーズ　地域の再生 3

グローバリズムの終焉

経済学的文明から地理学的文明へ

2014 年 3 月 5 日　第 1 刷発行

著　者　関　曠野
　　　　藤澤雄一郎

発行所　一般社団法人　農山漁村文化協会
〒107-8668　東京都港区赤坂 7 丁目 6－1
電話　03（3585）1141（営業）　03（3585）1145（編集）
FAX 03（3585）3668　　振替　00120-3-144478
URL　http://www.ruralnet.or.jp/

ISBN978-4-540-09216-9　　DTP 制作／ふきの編集事務所
〈検印廃止〉　　印刷・製本／凸版印刷㈱